AF351233

Les débuts de l'Église, rendus dans les Actes des Apôtres

Charles Székely

CIP a Camerei Naţionale a Cărţii

Székely, Charles.

Les débuts de l'Église, rendus dans les Actes des Apôtres / Charles Székely. – Chişinău : Generis Publishing, 2020 (Print on demand). – 76 p.

ISBN 978-9975-4236-7-0.

27-248.2

S 99

Cover image: www.pixabay.com

Generis Publishing
Online orders: www.generis-publishing.com
Orders by email: info@generis-publishing.com

« L'Église était en paix dans toute la Judée, la Galilée et la Samarie, s'édifiant et marchant dans la crainte du Seigneur, et elle s'accroissait par l'assistance du Saint Esprit. »
(Actes des Apôtres 9 : 31)

Introduction

Il y a, de nos jours, un courant théologique inouïe qui délimite les Actes des Apôtres de tous les livres de la Bible, soutenant qu'on ne le peut aucunement prendre comme guide de conduite chrétienne. Ces messieurs arguent de ce que les disciples contemporains de Christ jouissaient d'une sélection à part et qu'ils menaient une vie sainte que les générations de chrétiens, soumises aux péchés, ne peuvent point imiter.

Belle logique, mais elle ignore le fait que les disciples choisis par Christ ne sont pas nés saints, mais ils ont été sanctifiés de la même manière que les chrétiens de nos jours le sont : par la Parole, par le sang de Jésus et par le Saint Esprit. Qui plus est, le Seigneur Jésus, ne cesse pas se chercher des disciples et des apôtres afin de compléter le nombre de ses élus, qui héritent de son Royaume. Si jadis il le faisait personnellement, étant en corps humain, maintenant il le fait par son Saint Esprit, qui le remplace sur la Terre. Le message suivant reste donc valable aussi longtemps que l'Église existe sur la Terre : »Et il a donné les uns comme apôtres, les autres comme prophètes, les autres comme évangélistes, les autres comme pasteurs et docteurs, pour le perfectionnement des saints en vue de l'œuvre du ministère et de l'édification du corps de Christ, jusqu'à ce que nous soyons tous parvenus à l'unité de la foi et de la connaissance du Fils de Dieu, à l'état d'homme fait, à la mesure de la stature parfaite de Christ. » (Éphésiens 4 :11-13)

Les tenants de ce courant ont réussi à créer un abîme entre les premiers disciples et les générations qui leur ont succédé au long de siècles. Ce courant va sans conteste à l'encontre des idées exprimées par Christ dans son intercession sacerdotale en faveur de ses disciples : » Ce n'est pas pour eux seulement que je prie, mais encore pour ceux qui croiront en moi par leur parole, afin que tous soient un, comme toi, Père, tu es en moi, et comme je suis en toi, afin qu'eux aussi soient un en nous, pour que le monde croie que tu m'as envoyé. » (Jean 17 :20)

Or, on sait que tout ce qui contredit la Parole divine provient de Satan, qui a mis une séparation entre les premiers disciples et leurs successeurs afin que le monde ne croie pas que Christ avait été envoyé par le Père.

Pour atteindre ses buts, Satan a créé une fausse opposition entre le terme de « disciple » et celui de « chrétien ». Pour plusieurs confessions, le terme de disciple est du domaine du passé. Maintenant, on a affaire aux chrétiens. Les prêtres seuls s'arrogent les titres de disciples et d'apôtres. Ils ont ainsi accrédité la conception que le salut même des chrétiens dépend, au mépris de la Parole de grâce, de leurs intercessions.

D'ailleurs, l'actuelle hiérarchie des prélats n'a aucun fondement biblique. Les sacrificateurs selon la Loi de Moïse n'ont pas de place dans l'Église de Christ. Maintenant le peuple de Dieu est formé d'un sacerdoce royal, d'une nation sainte. (1 Pierre 2 :9) Jésus seul est sacrificateur à la manière de Melchisédek. (Paume 110 :4)

Les prêtres agréent l'appellation : »Père ! » Cette coutume est contraire aux suivants enseignements de Christ : »Et n'appelez personne sur la terre votre père, car un seul est votre Père, celui qui est dans les cieux. Et ne vous faites pas appeler directeurs, car un seul est votre directeur, le Christ. » (Matthieu 23 :9,10)

Le Seigneur Jésus désira toujours et désire maintenant même avoir des disciples, qui renoncent à eux-mêmes, prennent leur croix et le suivent. (Luc 9 :23) Le jour de son élévation, ils s'est adressé aux siens en ces termes : »Tout pouvoir m'a été donné dans le ciel t sur la terre. Allez, faites de toutes les nations des disciples, les baptisant au nom du Père, du Fils et du Saint Esprit, et enseignez-leur à observer tout ce que je vous ai prescrit. Et voici, je suis avec vous tous les jours, jusqu'à la fin du monde. » (Matthieu 28 :18,20)

Le terme de « chrétien » parut pour la première fois dans la ville d'Antioche, selon ce qui est écrit : »Ce fut à Antioche que, pour la première fois, les disciples furent appelés chrétiens. » (Actes 11 :26) Cela veut dire que tout chrétien authentique est disciple. Ce verset anéantit l'antagonisme artificiel qu'on avait établi entre le terme de disciple et celui de chrétien. Sous l'angle du verset mentionné ci-dessus, on peut affirmer que les chrétiens qui nient d'être de disciples sont de fausses monnaies.

Comme érudition livresque, on remarque le fait que le livre intitulé en grec « Praxeis » (Actes) a été rédigé vers les ans 62,63 par le docteur Luc, qui avait accompagné l'apôtre Paul dans plusieurs de ses voyages missionnaires. Le Saint Esprit l'a inspiré à rendre la naissance, les ressources, les combats et l'accroissance de l'Église de Christ. Afin de pénétrer l'essence d'un organisme vivant, il faut toujours examiner ses débuts. Le livre des Actes rend les débuts de l'Église. Le modèle dont Luc fait montre reste à suivre dans tous les siècles du christianisme. Il n'y a rien à y ajouter, il n'y a rien à en retrancher.

Ceux qui soutiennent que les Actes des Apôtres ne constituent point un guide de conduite chrétienne ont tort, car ce livre fait partie de la Bible. Or, l'apôtre des nations précise les suivants concernant la Bible : »Toute l'Écriture est inspirée de Dieu, et utile pour enseigner, pour convaincre, pour corriger, pour instruire dans la justice, afin que l'homme de Dieu soit accompli et propre à toute bonne œuvre. » (2 Timothée 3 :16)

Ludus, le 3 septembre 2013   Charles Székely

L'élévation dans le Ciel du Seigneur Jésus

Dès le début, Luc fait connaître le nom de la personne à laquelle il dédie ce livre. Il s'agit de Théophile, destinataire de son premier livre : Évangile selon Luc.

Le premier livre brosse la vie et l'activité de Christ, dès sa naissance jusqu'à sa mort, sa résurrection et son enlèvement au Ciel. Le second livre commence par l'élévation du Seigneur dans le Ciel, et il continue par les actes de ses apôtres choisis pour être les témoins de sa résurrection.

Avant d'être enlevé au ciel, le Seigneur donna ses ordres, par le Saint Esprit, aux apôtres qu'ils avaient choisis. Après sa résurrection, il leur s'est montré pendant quarante jours.

Au jour de son élévation, Jésus se trouva avec ses apôtres sur la montagne des Oliviers. Il leur recommanda de ne pas s'éloigner de Jérusalem jusqu'à la descente du Saint Esprit, pour y être baptisés. Les disciples s'intéressèrent au temps où le Seigneur rétablirait le Royaume d'Israël. Jésus leur répondit que ce temps-là, fixé de l'autorité du Père, est tenu secret. Puis il y ajouta : »Mais vous recevez une puissance, le Saint Esprit survenant sur vous, et vous serez mes témoins à Jérusalem, dans toute la Judée, dans la Samarie, et jusqu'aux extrémités de la terre. » (1 :8)

Dans ce passage, Luc fit mention deux fois du Saint Esprit, personne divine faisant partie de la Sainte Trinité, concept de base du christianisme. Le rôle du Saint Esprit est immense dans la vie de l'Église du fait qu'Il est Dieu habitant dans le corps des croyants. (1 Corinthiens 3 :16) Il mérite donc de faire une incursion dans la théorie de la Sainte Trinité.

Il faut préciser que l'expression de « Sainte Trinité » ne figure point dans les pages des Écritures, mais il y en a plusieurs versets annonçant que le Fils est Dieu et que l'Esprit Saint est Dieu. (Romains 9 :5 ; 2 Corinthiens 3 :17) Dans le Royaume des Cieux tout est de nature spirituelle. Le Père même est Esprit. (Jean 4 :24) Avant sa naissance en corps humain, Christ fut la Parole créatrice de Dieu. (Jean 1 :14) L'Esprit Saint sonde les profondeurs de la gloire du Père. (1 Corinthiens 2 :10) La Parole et l'Esprit appartiennent organiquement au Père. C'est pourquoi, on lit et l'on entend souvent les expressions de Parole de Dieu, Fils de Dieu, Esprit de Dieu. À un moment donné, la Parole est sortie du sein du Père, manifestant sa propre gloire. Néanmoins, elle ne cessa pas appartenir au Père. De même, l'Esprit est présent dans la gloire du Père, mais il remplit toutefois tout l'Univers. (Jérémie 23 :23,24) Tout ayant leur propre gloire, le Fils et l'Esprit se retrouvent à la fois dans la gloire du Père. Aussi Jésus, étant sur la terre, put faire une affirmation étonnante : « Croyez à ces œuvres, afin que vous sachiez et reconnaissiez que le Père est en moi e que je suis dans le Père. » (Jean 10 :38) En marchant dans ce sillon, on peut affirmer que l'Esprit Saint est dans le Père, et le Père est dans l'Esprit Saint. Il y a donc un seul Dieu, le Père, qui se manifeste aussi par son Fils et par son Esprit ayant leurs propres gloires divines. Malgré leur Divinité incontestable, le Fils et l'Esprit se trouvent toujours constamment à la disposition du Père.

Il revient au Fils le même honneur qu'on doit au Père. (Jean5 :22,23) L'aveugle né à qui Jésus rendit la vue adora Christ sans que le Seigneur l'en aurait empêché. (Jean 9 :35-38) Le Saint Esprit cherche à glorifier Christ. (Jean16 :14) Toutes les œuvres dans la Maison de Dieu se font par la puissance du Saint Esprit qui est une personne parce qu'on peut l'attrister. (Zacharie 4 :6 ; Éphésiens 4 :30) Afin de pouvoir accomplir les œuvres de Dieu, tout chrétien a besoin de la puissance de l'Esprit.

La descente du Saint Esprit et le témoignage sur la résurrection de Christ vont de pair. Personne ne peut être un témoin efficace de la résurrection de Christ si ce n'est par la puissance du Saint Esprit. Par conséquence, la descente du Saint Esprit fut la condition inéluctable de la propagation de l'Évangile jusqu'aux extrémités de la terre. Lorsque Jésus disait à ses disciples qu'ils seraient ses témoins, il avait en vue toutes les générations de disciples ayant la tâche de répandre l'Évangile sur toute la terre. Toutes ses générations ont donc besoin du baptême dans le Saint Esprit. (Actes 2 :38,39)

Après avoir proféré ces paroles-là, Jésus fut élevé, « et une nuée le déroba à leurs yeux. Deux homes vêtus de blanc leur apparurent et dirent : »Hommes Galiléens, pourquoi vous arrêtez-vous à regarder au ciel ? Ce Jésus, qui a été enlevé au ciel du milieu de vous, viendra de la même manière que vous l'avez vu allant au ciel. » (1 :11)

On sait que le Seigneur reviendra sur la Terre à la fin du grand malheur en mettant ses pieds sur le mont d'Oliviers. (Zacharie 14 :3 ,4) Mais il viendra encore plus tôt sur la nuée pour ravir son Église. (1 Thessaloniciens 4 :16,17)

S'étant rentrés à Jérusalem, les apôtres montèrent dans la chambre haute et ils y persévérèrent dans la prière, avec les femmes et Marie, mère de Jésus, et avec les frères de Jésus. Voilà les noms des apôtres : Pierre,

Jean, Jacques, André, Philippe, Thomas , Barthélemy, Matthieu, Jacques, fils d'Alphée, Simon le Zélote, et Jude, fils de Jacques.

Luc distingue avec minutie les apôtres des frères de Jésus. Cette distinction est précieuse du moment que plusieurs sont d'avis que Christ n'avait pas de frères, mais il traitait ses apôtres comme des frères. Ils feraient bien de prêter attention à ce que l'évangéliste Matthieu précise les noms des frères de Jésus : Jacques, Joseph, Simon, Jude. (Matthieu 13 :54,55) Dans l'Épître adressée aux Galates, Paul reprend le nom de Jacques : »Mais je ne vis aucun autre des apôtres, si ce n'est Jacques, le frère du Seigneur. » (Galates 1 :19) Ce Jacques ne figure point sur la liste des apôtres énumérés par Luc. L'autre Jacques, qui y figure, était frère de Jean et fils de Zébédée.

Le jour de l'élévation du Seigneur le nombre des disciples était d'environ cent vingt. Pierre se leva et proposa sur base biblique de choisir un apôtre qui remplisse la place de Jude l'Iscariot. Dans sa conception, les Psaumes 69 et 109 ont des versets prophétiques ayant trait à celui qui a vendu Jésus.

Les disciples ont présenté deux candidats : Joseph et Matthias. Après une prière, les apôtres ont tiré au sort. Le sort tomba sur Matthias.

Tirer au sort, c'était une coutume pour désigner le gagnant dans des situations serrées. On peut y recourir lorsqu'on est démuni de lumière d'en Haut. Le chrétien qui se trouve sous l'onction du Saint Esprit connaît ce qu'il doit faire dans des cas difficiles. (1 Jean 2 :27)

La descente du Saint Esprit

Le second chapitre commence par ces mots : »Le jour de la Pentecôte, ils étaient tous ensemble dans le même lieu. Tout à coup il vint du ciel un bruit comme celui d'un vent impétueux, et il remplit toute la maison où ils étaient assis. Des langues semblables à des langues de feu leur apparurent, séparées les uns des autres, et se posèrent sur chacun d'eux. Et ils furent tous remplis du Saint Esprit, et se mirent à parler en d'autres langues, selon que l'Esprit leur donnait de s'exprimer. » (2 :1-4)

C'est la description concise de l'événement de Pentecôte. La Loi, qui opère avec les ombres des choses d'en Haut, institua fermement la fête de la Pentecôte. (Hébreux 8 :5) Tandis que Christ est la réalité céleste, ainsi que l'Esprit Saint. Selon la Loi, cinquante jours après le sacrifice de l'agneau pascal, on apporta au Seigneur une offrande de fleur de farine et deux pains agités de côté et de l'autre. Outre ces pains, on offrit à l'Éternel en holocauste sept agneaux, un taureau et deux béliers, un bouc et deux agneaux en sacrifice d'actions de grâce. Ce jour un publia la fête, on eut une sainte convocation, et l'on ne fit aucune œuvre servie. (Lévitique 23 :15-21)

La descente du Saint Esprit ouvrit l'époque de l'Église de Christ. La Pentecôte est la date de naissance de la chrétienté. L'Église s'est formée comme un seul corps, corps de Christ, à l'aide du Saint Esprit. On a entendu l'arrivée d'un vent impétueux, on a vu des langues de feu se posant sur les têtes des disciples, et l'on les a entendu parler en d'autres langues, selon que l'Esprit leur donnait de s'exprimer.

Le baptême dans le Saint Esprit, c'était un signe pour tous ceux qui séjournèrent pendant cette fête dans Jérusalem. Si l'époque de l'Élise commence par un signe céleste, pourquoi certains théologiens discréditent-ils les signes ? On organisme qui a à ses origines un signe, ne peut manquer de signes. Les signes divins accompagnent l'Églises au long des siècles de son existence.

Le Saint Esprit venant du Ciel remplit les vases humains de son « huile » précieux. Les vases remplis débordèrent en paroles inspirées. La multitude accourut au bruit du vent impétueux et elle entendit les disciples parler en plusieurs langues, comprises par les : Parthes, Mèdes, Elamites, Mésopotamiens, Phrygiens, Pamphyliens, Égyptiens, Libyens, Romains, Crétois et Arabes. D'aucuns affirmaient que les disciples étaient pleins de vin doux.

Alors Pierre se leva et tint un discours. Il leur dit : »Ces gens ne sont pas ivres, comme vous le supposez, car c'est la troisième heure du jour. Mais, c'est ici ce qui a été dit par le prophète Joël : Dans les derniers jours, dit Dieu, je répandrai de mon Esprit sur toute chair ; vos fils et vos filles prophétiseront, vos jeunes gens auront des visions, et vos vieillards auront des songes. » (2 :15-17)

Dans son allocution, Pierre démontra à base scripturale que le Christ devait ressusciter des morts. Il cita à l'appui de son affirmation le psalmiste David : »Car tu ne livreras pas mon âme au séjour des morts, tu ne permettras pas que ton bien-aimé voie la corruption. » (Psaume 16 :10) Quant à l'élévation de Chris dans le Ciel, Pierre se servit de même d'un verset du Livre des Psaumes : »Parole de l'Éternel à mon Seigneur :

Assieds-toi à ma droite, jusqu'à ce que je fasse de tes ennemis ton marchepied. » (Psaume 110 :1)

Ce Jésus, Dieu l'a ressuscité. Pierre en était le témoin. Puis, Il l'a élevé sur son trône. Christ s'est donc assis à la droite du Père. Il a reçu le Saint Esprit et l'a répandu sur ses disciples selon sa promesse.

Le discours de Pierre s'achève en ces termes : »Que toute la maison d'Israël sache donc avec certitude que Dieu a fait Seigneur et Christ ce Jésus que vous avez crucifié. » (2 :36)

Ces propos ont abasourdi la foule, qui s'écria : »Hommes frères, qu ferons-nous ? » (2 :37) Pierre leur répondit : »Repentez-vous et que chacun de vous soit baptisé au nom de Jésus-Christ, à cause du pardon des péchés, et vous recevrez le don du Saint Esprit. Car la promesse est pour vous, pour vos enfants, et pour tous ceux qui sont au loin, en aussi grand nombre que le Seigneur, notre Dieu, les appellera. » (2 :38,39)

Ici Pierre retrace la voie du salut de l'âme, jalonnée par la repentance, la foi en Christ et le baptême dans l'eau. C'est aussi la condition du don du Saint Esprit, promis à toutes les générations de croyants en Christ.

Pierre s'adressait à coup sûr à ceux qui connaissaient déjà le baptême de repentance, prêché par Jean. Il les exhortait à se soumettre à un nouveau baptême qui suppose l'invocation du nom de Jésus dans l'eau du baptême. Ce jour-là, on baptisa environ trois mille âmes.

À la fin de ce chapitre, Luc brosse quelques aspects de la vie de l'Église primaire. « Ils persévéraient dans l'enseignements des apôtres, dans la communion fraternelle, dans la fraction du pain, et dans la prière. » (2 :42) Ces quatre principes restent debout de nos jours même. On doit journellement lire, méditer et appliquer l'Évangile dans la vie quotidienne. On doit chercher la communion avec les frères. On doit participer à la Cène du Seigneur, et prier sans cesse.

Les membres de l'Église primaire avaient tous en commun. « Ils vendaient leurs propriétés et leurs biens, et ils en partageaient le produit entre tous, selon les besoins de chacun. » (2 :45)

De ce dernier aspect, les théologiens modernes n'en font aucun cas. Ils prétendent que les premiers chrétiens ont cru que Christ reviendrait de leur vivant. Aussi, voulaient-ils se débarrasser des valeurs matérielles, qu'ils ne pouvaient pas emporter d'aucune façon. C'est une fausse idée. Ce qui détermina les premiers chrétiens à vendre leurs propriétés pour aider les pauvres, ce fut l'amour divin qu'ils reçurent par le Saint Esprit.

Guérison d'un boiteux

En montant au temple à la neuvième heure du jour, Pierre et Jean rencontrèrent à la porte du temple, appelé la Belle, un boiteux de naissance qui leur demanda l'aumône. Les apôtres l'invitèrent à les regarder. Il les regarda attentivement

Alors Pierre lui dit : »Je n'ai ni argent, ni or, mais ce que j'ai, je te le donne : Au nom de Jésus-Christ de Nazareth, lève toi et marche. » (3 :6) Puis il le prit par la main droite, et le fit lever. Le boiteux fut debout d'un saut, et il se mit à marcher. À ce miracle de guérison, le peuple étonné accourut vers eux.

Profitant de cette occasion, Pierre tint un nouveau discours. Il souligna que ce miracle ne se devait point à sa propre puissance, ni sa piété. Mais, par ce miracle, Dieu a glorifié son serviteur Jésus, que le peuple avait renié devant Pilate. Puis ; Pierre leur adressa une reproche directe : « Vous avez renié le Saint et le Juste, et vous avez demandé qu'on vous accorde la grâce d'un meurtrier. » (3 :14) Ensuite, il leur expliqua que « c'est la foi en Lui qui a donné à cet homme l'entière guérison. » (3 :16)

Pierre trouva même à son auditoire des circonstances atténuantes : »Maintenant, frères, je sais que vous avez agi par ignorance, ainsi que vos chefs. Mais Dieu a accompli de la sorte ce qu'il avait annoncé d'avance par la bouche de tous ces prophètes, que son Christ devait souffrir. » (3 :17)

L'apôtre n'oublie pas d'exhorter son public à la repentance et à la conversion pour que leurs péchés soient effacés. Dieu enverra de nouveau son Christ au rétablissement de toutes choses. Moïse a fait mention de lui, en disant : »Le Seigneur votre Dieu vous suscitera d'entre vos frères un prophète comme moi ; vous l'écouterez dans tout ce qu'il vous dira, et quiconque n'écoutera pas ce prophète sera exterminé du milieu du peuple. » (3 :22,23) Jésus est la postérité d'Abraham en qui toutes les familles de la terre seront bénies.

En examinant ce modèle de prédication apostolique, on constate que les renvois aux Écritures sont fréquents. Il ne faut point s'éloigner de ce modèle de prédication ; sinon on risque de s'égarer, comme font ceux qui citent des sources séculières.

Arrestation de Pierre et de Jean

Pendant que Pierre parlait, survinrent les sacrificateurs, le comandant du temple et les sadducéens et mirent la main sur les apôtres, mécontents de ce qu'il annonçait la résurrection du Seigneur Jésus.

Le lendemain, les chefs du peuple s'assemblèrent avec Anne, Caïphe, Jean, Alexandre de la race des principaux sacrificateurs. Ils firent placer au milieu d'eux Pierre et Jean. Ils leur adressèrent cette question : »Par quel pouvoir et au nom de qui avez-vous fait cela ? » (4 :7) Cette question dénote que le pouvoir spirituel réside toujours dans un certain nom.

Rempli du Saint Esprit, Pierre leur répondit que le miracle de guérison s'était produit au nom de Jésus-Christ de Nazareth. Jésus est la pierre principale que les bâtisseurs ont rejetée. Ensuite, Pierre fit remarquer qu' « il n'y e a du salut en aucun autre, car il n'y a sous le ciel aucun autre nom qui ait été donné parmi les hommes, par lequel nous devions être sauvé. » (4 :12)

Le nom « Yeschouah » (Jésus) a deux significations : Jéhovah est Sauveur ou bien le Salut de Jéhovah. Ce fut le nom que l'ange Gabriel donna à l'enfant dont Marie devait accoucher. (Luc 1 :31) Le sacrificateur Zacharie, rempli du Saint Esprit a béni Dieu au sujet de Jésus : »Béni soit le Seigneur, le Dieu d'Israël, de ce qu'il a visité et racheté son peuple, et nous a suscité un puissant Sauveur dans a maison de David, son serviteur. » (Luc 1 :68) Indubitablement, le Sauveur de l'humanité est Jésus, qui nos a racheté du péché et de la mort à prix de sang. (1Pierre 1 :18,19) C'est pourquoi Jésus tint à souligner que personne ne va au Père si ce n'est par lui. (Jean 14 :6) Dans la période de la Grâce, tous le miracles se font au nom de Jésus. Voilà ce que les sacrificateurs juifs ne purent accepter parce que leur cœur fut endurci par le péché.

Pour pouvoir délibérer entre eux, les sacrificateurs ordonnèrent aux apôtres de sortir du sanhédrin. La présence du boiteux guéri les empêcha de passer aux représailles. Ils se contentèrent d'interdire aux apôtres de prêcher désormais au nom de Jésus.

Et les ayant appelés, ils leur défendirent d'enseigner au nom de Jésus. Pierre et Jean leur répondit : »Jugez s'il est juste, devant Dieu, de vous obéir plutôt qu'à Dieu, car nous ne pouvons pas ne pas parler de ce que nous avons vu et entendu. » (4 :19 ,20) Ils les menacèrent et les relâchèrent.

L'inventeur du péché, Satan, a en horreur Jésus, au nom duquel les gens ont la rémission de leurs péchés et échappent aux puissances des Ténèbres. Aussi, il fait tout son possible pour empêcher les chrétiens de parler au nom de Jésus. Il s'est servi même des principaux sacrificateurs du peuple élus pour réduire au silence les apôtres.

Après avoir été relâchés, les apôtres se retirèrent chez les leurs et racontèrent quelle prohibition pesait sur eux. À cette nouvelle, ils élevèrent tous la voie dans une prière, en demandant au Seigneur d'annoncer la Parole avec une pleine assurance. Dans cette prière il perce la connaissance de la toute puissance divine : »En effet contre ton saint serviteur Jésus, que Tu as oint, Hérode et Ponce Pilate se sont ligués dans cette ville avec les nations et avec les peuples d'Israël, pour faire tout ce que ta main et ton conseil avaient arrêté d'avance. » (4 :27,28)

Il en ressort que l'Éternel contrôle tout ce que ses ennemis entreprennent contre ses saints. Dès la fondation du monde, l'Éternel a prévu la parution du péché et il a désigné l'Agneau qui ôte le péché du monde. Tous les gens accomplissent en réalité ce que Dieu avait prévu pour leurs vies. La prescience de l'Éternel est incontestable.

« Quand ils eurent prié, le lieu où ils étaient assemblés trembla ; ils furent tous remplis du Saint Esprit, et ils annonçaient la parole de Dieu avec assurance. » (4 :31)

On en déduit que la fermeté à annoncer l'Évangile est signe de la plénitude du Saint Esprit.

À la fin de ce chapitre, Luc revient sur l'atmosphère de fraternité chrétienne qui s'était installé dans l'Église de Jérusalem. Joseph, surnommé Barnabas, « vendit un champs qu'il possédait, apporta l'argent et le déposa aux pieds des apôtres. (4 :37)

Certains aspects du réveil spirituel

Le baptême dans le Saint Esprit fit naître une coutume céleste, celle de la bonté chrétienne, selon un enseignement christique : »Il y a plus de bonheur à donner qu'à recevoir ». (Actes 20 :35) Prenant le même ton, Paul fait une exhortation mémorable : »Et n'oubliez pas la bienfaisance et la libéralité, car c'est à de tels sacrifices que Dieu prend plaisir. » (Hébreux 13 :16)

Tout au début de ce chapitre, Luc présente un couple plein de ruse qui se laissait aller à la mode de l'altruisme. Ananias vendit une propriété et retint une partie du prix en concupiscence avec sa femme, Saphira, puis il déposa le reste aux pieds des apôtres. Mais Pierre, doué de connaissance divine, lui dit : »Ananias, pourquoi Satan a-t-il rempli ton cœur, au point que tu mentes au Saint Esprit, et que tu aie retenu une partie du prix du champ ?...Comment as-tu pu mettre en ton cœur un pareil dessein ? Ce n'est pas à des hommes que tu as menti, mais à Dieu. » (5 :3,4) Sur ce, Ananias tomba et mourut.

Voilà comment fonctionne l'un des dons du Saint Esprit, celui de la parole de connaissance. (1 Corinthiens 12 :7-10) Le Saint Esprit découvre les secrets du cœur humain. Ce don se manifeste de même par l'esprit de prophétie. '1Cor .14 :24,25)

D'ailleurs, il est tout naturel que le Saint Esprit parle par les personnes qu'il remplit. Nous sommes l'habitation de Dieu par le Saint Esprit qui habite en nous. (1 Cor. 3 :16) Pendant un réveil spirituel, l'Esprit Saint ne tolère point la ruse au sein de l'Église, punissant les menteurs et les fourbes.

En examinant cette réprimande de Pierre, on en déduit que, dans la conception de l'apôtre, le Saint Esprit est Dieu. Dans sa conception, mentir au Saint Esprit est égale à mentir à Dieu. Selon Pierre, le mensonge renvoie à la présence de Satan dans le cœur du menteur. Et cela s'accorde parfaitement avec l'avis de Jésus sur Satan : »Il a été meurtrier dès le commencement, et il ne se tient pas dans la vérité, parce qu'il n'a pas de vérité en lui. Lorsqu'il profère le mensonge, il parle de son propre fonds, car il est menteur et le père du mensonge. » (Jean 8 :44) Il est donc préférable de mourir que de mentir.

Les jeunes gens enveloppèrent Ananias et l'ensevelirent. Environ trois heures plus tard, Saphira vint à Pierre, qui l'interrogea sur le prix du champ récemment vendu. Elle indiqua le même prix que son époux. Alors Pierre lui dit : »Comment vous êtes-vous accordez pour tenter l'Esprit du Seigneur ? Voici, ceux qui ont enseveli ton mari sont à la porte et ils t'emporteront. » (5 :9) L'apôtre y prononça une sentence de mort. Cela ne contredit pas le principe du pardon chrétien ? Pierre a-t-il enfreint ce principe ? Assurément, non, car ce n'était point Pierre qui parla, mais Dieu qui habita en lui. C'est un aspect à part de la vie chrétienne, spécifique au réveil spirituel.

Un autre aspect du réveil spirituel consiste dans les nombreux miracles que le Saint Esprit opère par les personnes qu'il possède. Si les esprits mauvais peuvent prendre possession sur ceux qui vivent en péchés, de même l'Esprit Saint prend possession sur ceux qui mènent une vie sainte. Paul dévoile qu'il y a deux esclavage : l'esclavage du péché et l'esclavage de la justice. (Romains 6 :18,18) Dans le domaine spirituel, on est l'esclave de Satan ou bien l'esclave de Dieu.

Après la descente du Saint Esprit, les miracles se multipliaient à Jérusalem. Le nombre de ceux qui croyaient augmentait. Les conversions en masse sont fonction des miracles qui accompagnent la prédication de la foi. « On apportait les malades dans les rues et on les plaçait sur des lits et des couchettes, afin que, lorsque Pierre passait, son ombre au moins en couvre quelques-uns. » (5 :15)

Remplis de jalousie, les conducteurs religieux mirent la main sur les apôtres et le jetèrent en prison. La persécution survient toujours au réveil spirituel. Mais un ange du Seigneur ouvrit de nuit les portes des prisons et fit sortie les apôtres, leur disant : »Allez, tenez-vous dans le temple, et annoncez au peuple toutes les paroles de cette vie. » (5 :20)

Le quatrième aspect du réveil spirituel se rapporte au secours des anges. L'ange les délivra afin qu'ils puissent annoncer la parole « de cette vie ». La parole de la Loi prolonge la vie charnelle de ceux qui l'observent. La parole de la Grâce conduit à la vie éternelle en Christ. Voilà pourquoi l'ange tint à préciser que la vie à laquelle on accède par l'Évangile diffère de la vie qu'assure la Loi. Par Christ, on a accès auprès du Père, dans un même Esprit. (Ephésiens 2 :18)

Le souverain sacrificateur convoqua le sanhédrin pour débattre le sort des apôtres. Mais ils n'étaient point dans la prison. Alors, on les retrouva dans le temple. Après les avoir amenés en présence du sanhédrin, le souverain sacrificateur les réprimanda : »Ne vous avons-nous pas défendu expressément d'enseigner en ce nom ? » Pierre lui répondit : »Il faut obéir à Dieu plutôt qu'aux hommes. » (5 :28) Ensuite, il témoigna de nouveau de la résurrection de Christ, que Dieu « a élevé par sa droite comme prince et Sauveur, pour donner à Israël la repentance et le pardon des péchés. » (5 :31) Pour conclure, il y ajouta encore : »Nous sommes témoins de ces choses, de même que le Saint Esprit que Dieu a donné à ceux qui lui obéissent. » (5 :32)

Il est à retenir que les élus obéissent à Dieu plutôt qu'aux hommes. Au nom de Jésus, Dieu donne non seulement le pardon des péchés, mais aussi la repentance. Dieu œuvre la repentance dans le coeur de ses élus afin qu'il puisse leur accorder le pardon des péchés. (cf.2 Timothée 2 :5) Celui qui obéit à la Parole a le Saint Esprit.

Ayant eu les cœurs endurcis suite aux péchés, les sacrificateurs furent sourds à ces paroles de l'apôtre et ils voulaient faire mourir Pierre et Jean. Mais Gamaliel, docteur de la Loi estimé de tout le peuple, se leva et ordonna de faire sortir un instant les apôtres. Puis, il mit en garde le sanhédrin à l'égard des apôtres. Il donna deux exemples de mouvement social, conduit par Theudas et par Judas le Galiléen. Après leur mort, ceux qui les avaient suivis furent mis en déroute et réduis à rien. Toute œuvre qui vient des hommes se détruira, mais celle qui vient de Dieu ne peut être détruite. Finalement, Gamaliel les avertit en ces termes : »Ne courrez pas le risque d'avoir combattu contre Dieu. » (5 :39) Le sanhédrin se rangea à son avis.

Les chefs religieux appelèrent les apôtres et les firent battre de verges, « ils leur défendirent de parler au nom de Jésus et ils les relâchèrent. » (5 :40)

« Les apôtres se retirèrent de devant le sanhédrin, joyeux d'avoir été jugés dignes de subir des outrages au nom de Jésus. » (5 :41) Ils ne cessèrent d'annoncer la Bonne Nouvelle de Jésus Christ. Gamaliel a bien senti que le christianisme vient de Dieu, car il dure depuis deux millénaires.

Institution des diacres

Au fur et à mesure que l'Église augmenta, il surgit des dissensions concernant la distribution des biens matériels. Les Hellénistes murmurèrent contre les Hébreux parce que leurs veuves y furent négligées.

Les apôtres convoquèrent les disciples et dirent : »Il n'est pas convenable que nous laissions la parole de Dieu pour servir aux table. C'est pourquoi, frères, choisissez parmi vous sept hommes, de qui l'on rende un bon témoignage, qui soient pleins d'Esprit Saint et de sagesse, et que nous chargerons de cet emploi. » (6 :2,3)

Les critères de sélection des diacres sont donc trois :a) un bon témoignage de la part de l'entourage,b) la plénitude du Saint Esprit, c) la sagesse d'en Haut.

Voilà les noms de ceux que l'assemblée proposa pour remplir les fonctions de diacre : Étienne, Philippe, Prochore, Nicanor, Timon,

Parménas et Nicolas. Ils les présentèrent aux apôtres, qui « après avoir prié, leur imposèrent les mains. » (6 :6)

Comme la parole de Dieu se répandait de plus en plus, un grand nombre de sacrificateurs obéissait à la foi.

Plus qu'aucun autre diacre, Étienne s'imposa à l'attention de l'auteur. « Étienne, plein de grâce et de puissance, faisait des prodiges et de grands miracles parmi le peuple. » (6 :8) Étienne ne fut pas apôtre, mais un simple diacre, néanmoins il opérait des miracles comme des apôtres. Opérer des miracles, ce n'est point un privilège des apôtres, comme l'on le prétend actuellement. Il fit des miracles parce qu'il était plein de grâce et de puissance. Pourquoi les diacres d'aujourd'hui n'opèrent point de miracles ? Parce qu'ils sont démunis de grâce et de puissance. De nos jours, le baptême dans le Saint Esprit est présenté comme quelque chose de caduc.

Les membres des synagogues des Affranchis, des Cyrénéens et des Alexandrins se mirent à discuter ave lui, mais ils ne purent résister à son esprit de sagesse. Alors, ils se mirent à comploter contre lui. Ils l'accusèrent d'avoir dit des paroles blasphématoires contre Moïse et contre Dieu. Ils se procurèrent même deux faux témoins. Ils firent une émeute et emmenèrent Étienne au sanhédrin. « Tous ceux qui siégeaient au sanhédrin ayant fixé les regards sur Étienne, son visage leur parut comme celui d'un ange. » (6 :15)

Discours et martyre d'Étienne

Le souverain sacrificateur permit à Étienne de se défendre. Celui-ci prit la parole. Il commença son discours par ce que le Dieu de gloire apparut à Abraham lorsqu'il était en Mésopotamie. À l'indication de l'Éternel, Abraham quitta sa famille et son pays et s'installa au pays de Canaan, promis à sa postérité.

Abraham reçut l'alliance de la circoncision qu'il transmit à ses descendants : Isaac et Jacob. Les patriarches vendirent Joseph qu'on emmena en Égypte. Mais il trouva grâce devant Pharaon qui l'établit gouverneur d'Égypte. Joseph y fit venir toute sa parenté.

À la naissance de Moïse le peuple d'Israël subit une cruelle persécution. Le Pharaon donna l'ordre aux sages femmes de faire mourir les garçons nouveaux nés. Moïse échappa à la mort par l'intervention de la fille du Pharaon. À l'âge de quarante ans, il visita en libérateur son peuple maltraité par le Égyptiens. Mais il fut repoussé. Poursuivi pour un meurtre, il prit a fuite et séjourna dans le pays de Madian.

Quarante ans plus tard, un ange lui apparut dans la flamme d'un buisson en feu. Alors il prit la tâche de délivrer le peuple du joug égyptien. C'est lui qui fit sortir le peuple d'Égypte, en opérant des prodiges et des miracles. Dans le désert, la foule fit faire à Aaron un veau d'or, et elle lui offrit un sacrifice. « Alors Dieu se détourna, et les livra au culte de l'armée du ciel. » (7 :42) On peut en conclure que, si le cœur de quelqu'un s'incline vers les idoles, Dieu l'abandonne à l'idolâtrie. Plein d'indignation, Étienne cite ce qui est écrit dans le livre des prophètes : »M'avez-vous offert des victimes et des sacrifices pendant quarante ans au désert, maison d'Israël ? Vous avez porté la tente de Moloch et l'étoile du Dieu Rempham, ces images que vous avez faites pour les adorer ! Aussi vous transporterai-je au-delà de Babylone. » (7 :42,43)

Tout de même, le peuple fit aussi le tabernacle du témoignage selon une vision de Moïse qu'il introduisit du temps de Josué au pays conquis. Ce tabernacle fonctionna jusqu'aux jours de David. Salomon bâtit une maison au nom de l'Éternel.

Voilà maintenant la conclusion qu'Étienne tira de son discours : » Hommes au cou raide, incirconcis de cœur et d'oreille ! Vous vous opposez toujours au Saint Esprit. Ce que vos pères on été vous l'êtes aussi. Lequel des prophètes vos pères n'ont-ils pas persécuté ? Ils ont tué ceux qui annonçaient d'avance la venue du Juste, que vous avez livré maintenant, et dont vous avez été les meurtriers, vous qui avez reçu la loi d'après des commandements d'anges, et qui ne l'avez point gardé. » (7 :51-53)

Ce fut un réquisitoire en règle auquel on ne s'attendait point. En entendant ces paroles, les Juifs grinçaient des dents contre lui. Mais Étienne, fixant les regards vers le ciel, dit : »Je vois les cieux ouverts, et le Fils de l'homme debout à la droite de Dieu. » (7 :56) Ils poussèrent de grands cris, et ils se précipitèrent tous ensemble sur lui. Ils le traînèrent hors de la ville et ils le lapidèrent. Cependant Étienne pria et dit : »Seigneur Jésus, reçoit mon esprit ! Puis, s'étant mis à genoux, il s'écria d'une voie forte : Seigneur, ne leur impute pas se péché ! Et après ces paroles, il s'endormit. » (7 :59,60)

À la fin de ce chapitre, il me vient en mémoire une distinction que Paul, apôtre des nations, fit entre les Juifs d'apparence et les Juifs de fond. Cette distinction est valable pour nous aussi, chrétiens. « Le Juif, ce n'est pas celui qui en a les apparences ; et la circoncision, ce n'est pas celle qui est visible dans la chair. Mais le Juif, c'est celui qui l'est intérieurement ; et la circoncision, c'est celle du cœur, selon l'Esprit et non selon la lettre. La louange de ce Juif ne vient pas des hommes, mais de Dieu. » (Romains 2 :28,29)

Étienne fut un Juif circoncis intérieurement, selon l'Esprit. Aussi, fit-il partie de l'Église invisible. Mais le peuple visible le lapida.

Les foules ont toujours été attirées par l'idolâtrie. Par malheurs, les foules donnent le ton dans toutes les communautés, y compris les assemblées chrétiennes. C'est pourquoi nos églises vont à la dérive. L'étoile du dieu Rempham, surnommée l'étoile de David, n'est-elle point restée comme l'emblème du peuple élu ?

Le ministère de Philippe en Samarie

Le jour de la lapidation d'Étienne, une grande persécution s'est abattue sur l'Église de Jérusalem. Les disciples de Moïse s'enflammèrent de courroux contre les disciples de Christ. Tous les disciples du Seigneur se dispersèrent dans les contrées de Judée et de la Samarie, exceptés les apôtres. Ils fuirent la rage de Saul de Tarse.

Étant encore en corps humain, le Seigneur Jésus avait averti ses disciples concernant les persécutions à venir : »Souvenez-vous de la parole que je vous ai dite :Le serviteur n'est pas plus grand que son maître. S'ils m'ont persécuté, ils vous persécuteront aussi ; s'ils ont gardé ma parole, ils garderont aussi la vôtre. Mais ils vous feront toutes ces choses à cause de mon nom, parce qu'ils ne connaissent pas celui qui m'a envoyé. » (Jean 15 :20,21) On en déduit que les sacrificateurs, disciples de Moïse, ne connaissaient pas l'Éternel puisqu'ils persécutèrent Christ et ses disciples. La Loi ne donne point la connaissance du Dieu vivant. C'est Christ qui découvre le Père à ses élus. (Matthieu 11 :27 ; Jean 14 :6)

Philippe, étant descendu dans la ville de Samarie, y prêcha Christ. Il ne prêcha ni Jéhovah, Dieu le Père, ni la Vierge Marie, mère de Jésus, ni le Sabbat, signe établi entre Dieu et son peuple élu, ni l'abstinence de certains aliments. Il a bien distingué l'économie de la Grâce de l'économie de la Loi, selon ce qui est écrit : »la loi a été donné par Moïse, la grâce et la vérité sont venues par Jésus Christ. » (Jean 1 :17) Christ même fit allusion à cette distinction dans les paraboles du drap neuf et des outres neuves.

(Matthieu 9 :16,17) Il fit même comprendre que tout mélange entre les éléments de la Loi et ceux de la Grâce amène à un désastre spirituel.

Tout en prêchant le Christ, Agneau de Dieu qui ôte les péchés du monde, le diacre Philippe fit des signes et des miracles. Le Seigneur travaillait avec lui, et confirmait la parole par les miracles qui les accompagnaient. (Marc 16 :20) Or, »Jésus Christ est le même hier, aujourd'hui, et éternellement. » (Hébreux 13 :8) Il n'hésite point à confirmer sa parole par des miracles à moins que cette parole soit prêchée par des disciples démunis de l'onction du Saint Esprit.

Le public de Philippe se convertit à Dieu et fut baptisé. Il y avait parmi ceux qui ont été baptisé un magicien du nom de Simon. À la nouvelle du réveil spirituel de Samarie, les apôtres Pierre et Jean y descendirent dans l'intention de prier pour les nouveaux convertis afin qu'ils reçussent le Saint Esprit. « Alors Pierre et Jean leurs imposèrent les mains, et ils reçurent le Saint Esprit. » (8 :17) Il s'y agissait de fait du baptême dans le Saint Esprit, signalé par le parler en langues.

Impressionné par ce phénomène, Simon, l'ancien magicien, offrit aux apôtres de l'argent, en disant : »Accordez-moi aussi ce pouvoir, afin que celui à qui j'imposerai les mains reçoive le Saint Esprit. » (8 :19)

La réponse de Pierre fut cuisante : »Que ton argent périsse avec toi, puisque tu as cru que le don e Dieu s'acquérait à prix d'argent ! Il n'y a pour toi ni part ni lot dans cette affaire, car ton cœur n'est pas droit devant Dieu. Repens-toi de cette méchanceté, et prie le Seigneur pour que la pensée de ton cœur te soit pardonnée, s'il est possible ; car je vois que tu es dans un fiel amer et dans les liens de l'iniquité. » (8 :20-23)

Comment cela se peut qu'on homme qui a cru et a été baptisé reste dans les liens de l'iniquité ? Cela est bien possible si sa foi n'est point accompagnée de repentance. Simon a été influencé par les miracles, mais ne se vit point perdu dans le marais du péché. Il n'avait point besoin d'un Sauveur, mais il voulait se perfectionner dans le domaine des miracles, ayant vu que Philippe en faisait de plus grand que lui-même. Or une foi formelle privée de repentance ne purifie pas les catéchumènes.

Simon est restée avec la conviction que l'argent serait tout-puissant. Il est resté donc à adorer le veau d'or, idolâtrie que le Seigneur a en horreur. Proposer de l'argent et en obtenir un ministère dans l'Église, ce fut au Moyen Age une coutume assez répandue, qu'on a surnommée « simonisme ».

La pratique du simonisme et d'autres, encore plus graves, ont fait de l'Église visible un chef d'œuvre de Satan, à l'avis de C.H. Mackintosh. Certes, il y a un abîme entre l'Église invisible et l'Église visible. Celle-ci est nommée, dans l'Apocalypse, la « Grande Prostituée », tandis que l'Église invisible porte le nom d'Épouse. (Apocalypse 17 :1-18 ; 19 :1-10)

Un ange du Seigneur dirigea les pas de Philippe vers le chemin qui descend de Jérusalem à Gaza. Il y rencontra le char d'un ministre de la reine Candace de l'Éthiopie. L'eunuque lisait le livre du prophète Ésaïe, chapitre53. L'Esprit dit à Philippe : »Avance, et approche-toi de ce char. » (8 :29) L'Éthiopien invita Philippe à monter et à s'asseoir avec lui. Une fois assis dans le char, Philippe lui expliqua que le prophète y avait parlé du Christ de Dieu, et il lui annonça la bonne nouvelle de Jésus.

Ayant rencontré de l'eau, l'eunuque dit à Philippe : »Voici de l'eau. Qu'est-ce qui m'empêche que je sois baptisé ? Philippe dit :Si tu crois de tout ton cœur, cela est possible. L'eunuque répondit : Je crois que Jésus Christ est le Fils de Dieu. Il fit arrêter le char. Philippe et l'eunuque descendirent tous deux dans l'eau, et Philippe baptisa l'eunuque. » (8 :36-38)

Lorsqu'ils sortirent de l'eau, l'Esprit du Seigneur enleva Philippe et il le déposa à Azot. Tandis que l'eunuque poursuivit joyeux sa route.

Le ministre de Finances de la reine Candace d'Ethiopie a certainement été un élu de Dieu. Pour son salut, l'Éternel a travaillé à la fois dans son intérieur et dans son entourage. (cf. Ésaïe 40 :10 ; Philippiens 2 :13) Il lui avait donné la volonté et le faire de chercher son Créateur jusques dans le Temple de Jérusalem et d'acheter le livre du prophète Ésaïe. Par son Esprit, il dirigea Philippe vers la route qui descend de Jérusalem vers Gaza. Après avoir reçu des explications véridiques sur le chapitre 53 de ce livre, l'eunuque demanda le baptême, à l'occasion duquel il confessa sa foi en Christ. C'est un modèle que suivent tous les élus de Dieu. Tous cherchent Dieu, tous arrivent à écouter l'Évangile, source de foi, tous confessent leur foi dans l'eau du baptême, après quoi ils continuent leurs chemins pleins de joie.

La conversion de Saul

Quant à Saul, il dirigea sa colère contre les disciples de Syrie. Il demanda du souverain sacrificateur des lettres de recommandation pour les synagogues de Damas et, suivi de gens armés, il partit pour Damas.

Tout près de la capitale de Syrie, une lumière venant du ciel resplendit autour de lui. Tombé par terre, il entendit une voix : »Saul ; Saul, pourquoi me persécutes-tu ? Il répondit : Qui es-tu Seigneur ? Et le Seigneur dit : Je suis Jésus que tu persécutes. Il te serait dur de regimber contre les aiguillons. Tremblant et saisi d'effroi, il dit : Seigneur, que veux-tu que je fasse ? Et le Seigneur lui dit : Lève-toi, entre dans la ville, et on te dira ce que tu dois faire. » (9 :4-6)

Ce petit dialogue en dit plus long qu'on n'en penserait. Premièrement, il dit que Jésus s'identifie à ces disciples persécutés. Secondement, ce dialogue met en évidence que Christ est vivant et il surveille ses disciples, et qu'il peut mettre fin à toute persécution, en reprenant les persécuteurs. Troisièmement, ce dialogue révèle la conversion de qui que ce soit. Lorsqu'on se convertit à Dieu, on renonce à la volonté de sa chair pour pouvoir accomplir la volonté de Dieu. Jusqu'à ce moment-là, Saul accomplissait ses pensées vindicatives, mais il y renonçait, ayant été repris par le Seigneur. Qui peut dire donc maintenant que la remontrance ne contribue pas à la repentance des pécheurs ?

Lorsque Saul se releva, il fut frappé de cécité. On le prit par la main, et on le conduisit à Damas. Il resta aveugle trois jours qu'il ne mangea rien. Le Seigneur parut en vision à Ananias, un disciple de Damas ; et il l'envoya chercher Saul qui pria. En ce moment-là, Saul vit en vision Ananias entrer chez lui et lui imposer les mains afin qu'il voie de nouveau. D'abord, Ananias refusa d'aller voir Saul, car celui-ci eut le renom d'un grand persécuteur de l'Église. Mais le Seigneur revint sur son ordre : »Va , car cet homme est un instrument que j'ai choisi, pour porter mon nom devant les nations, devant les rois et devant les fils d'Israël ; et je lui montrerai tout ce qu'il doit souffrir pour mon nom. » (9 :15,16)

Dès le sein de sa mère, Saul fut élu comme apôtre de Christ. (Galates 1 :15,16) Pour un temps, Dieu lui permit de persécuter l'Église afin qu'il ait de quoi se repentir toute sa vie, et qu'il reste en humilité qui favorise l'obéissance à Dieu. Sa charge fut celle de présenter Christ à son auditoire, de répandre sa bonne odeur. Or, le monde hait Christ ainsi que ses disciples. Par conséquent, celui qui s'engage à servir Christ n'échappera point aux souffrances par lesquelles on entre dans la gloire céleste. (Luc 24 :26)

Ananias imposa les mains à Saul qui fut rempli du Saint Esprit et recouvra la vue. Après avoir été baptisé, Saul prêcha que Jésus est le Fils de Dieu.

Au bout d'un temps, le Juifs se concertèrent pour le tuer. Ils gardèrent les portes de la cité afin de lui ôter la vie. Mais, pendant une nuit, les disciples le descendirent par la muraille dans une corbeille.

Arrivé à Jérusalem, Saul s'est lié d'amitié avec Barnabas. Celui-ci le conduisit vers les apôtres. Vu le péril qui le guettait, les frères l'emmenèrent à Césarée et ils le firent partir pour Tarse.

La conversion de Saul fut de bonne augure pour l'Église, qui « était en paix dans toute la Judée, s'édifiant et marchant dans la crainte du Seigneur, et elle s'accroissait par l'assistance du Saint Esprit. » (9 :31) La crainte de Dieu empêche les hommes de transgresser délibérément ses commandements. Là, où l'on obéit à l'Évangile, le Saint Esprit déploie ses forces.

Après la conversion de l'apôtre Paul, Luc s'occupe de deux miracles que le Seigneur opéra par le ministère de Pierre.

Pierre descendit à Lydde pour en visiter les saints. « Il y trouva un homme nommé Énée, couché sur un lit depuis huit ans, et paralytique. Pierre lui dit : Énée, Jésus-Christ te guérit : lève-toi et arrange ton lit. Et aussitôt il se leva. » (9 :33,34)

Suite à ce miracle, tous les habitants de Lydde et de Saron se convertirent au Seigneur.

Comme Lydde est près de Joppé, les disciples envoyèrent deux hommes vers Pierre pour intercéder au Seigneur en faveur d'une sœur du nom de Tabitha. Celle-ci tomba malade et mourut subitement. Elle avait fait beaucoup de bonnes œuvres et d'aumônes.

« Pierre fit sortir tout le monde, se mit à genoux, et pria ; puis, se tournant vers le corps, il dit : Tabitha, lève-toi ! Elle ouvrit les yeux, et ayant vu Pierre, elle s'assit. Il lui donna la main, et la fit lever. » (9 :40,41)

Le bruit de ce miracle courut vite et beaucoup crurent au Seigneur.

Pour pouvoir opérer ce miracle, Pierre mit dehors tout le monde de la chambre du deuil, car dans une atmosphère d'incrédulité l'Esprit de Dieu n'œuvre pas. Jésus-Christ procéda de la même façon lorsqu'il ressuscita la fille de Jaïrus. (Luc 9 :51-55) L'Histoire de l'Église rend compte de plusieurs miracles de résurrection que Dieu opéra par ses serviteurs fidèles.

Par exemple, Knox, le réformateur écossais, avait prié trous jours pour la résurrection de son meilleur collaborateur.

La Pentecôte du centenier Corneille

Officier de la cohorte dite italienne, Corneille menait une vie pieuse dans la ville de Césarée. Il faisait beaucoup d'aumônes au peuple et il priait régulièrement.

Vers la neuvième heure du jour, il eut une vision. Un ange de Dieu entra chez lui, et il lui transmit un message : »Tes prières et tes aumônes sont montées devant Dieu, et il s'en est souvenu. Envoie maintenant des hommes à Joppé, et fais venir Simon, surnommé Pierre ; il est logé chez un certain Simon, corroyeur, dont la maison est près de la mer. » (10 :4-6)

Selon la conception de certains théologiens, Corneille n'aurait eu pas besoin d'un message de la part de Pierre, du fait qu'il priait sans cesse et qu'il prodiguait de la bienfaisance. Son cas démontre cependant qu'un homme pieux qui ne connaît pas Christ a sans doute besoin du message de l'Évangile pour être sauvé.

Corneille envoya chercher Pierre deux de ses serviteurs et un soldat pieux. Le lendemain, comme ils étaient en route, Pierre monta vers la sixième heure sur le toit pour prier. Il y tomba en extase. « Il vit le ciel ouvert, et un objet semblable à une grande nappe attachée sur les quatre coins, qui descendait et s'abaissait vers la terre, et où se trouvaient tous les quadrupèdes et les reptiles de la terre et les oiseaux du ciel. Et une voix lui dit : Lève-toi, Pierre, tue et mange. » (10 :11-13) Pierre s'opposa à cette voix, car il n'a jamais mangé de souillé ni d'impur. La voix l'éclaira en ces termes : Ce que Dieu a déclaré pur, ne le regarde pas comme souillé. Ce dialogue se répéta trois fois.

Les Juifs regardaient toutes les nations comme souillées. Cette vision annulait ce concept de la Loi. Maintenant la voie de Pierre vers Corneille était ouverte.

Les messagers trouvèrent Pierre et lui racontèrent la vision de leur maître. Pierre accepta l'invitation du centenier. Quelques-uns des frères de Joppé firent route avec lui.

Lorsque Pierre entra chez le centenier, celui-ci tomba à ses pieds. Pierre le releva, en disant : »Lève-toi, moi aussi je suis un homme. » (10 :26) Les apôtres ne reçurent point l'adoration des hommes, de peur de devenir des idoles. Or, l'Éternel ne partage point son honneur avec ses créatures. (Ésaïe 42 :8 ; Romains 1 :23-25)

Pierre axa toute son allocution sur la personne de Christ, qui est le Seigneur de tous. Après le baptême prêché par Jean, « Dieu a oint du Saint Esprit et de force Jésus de Nazareth, qui allait de lieu en lieu faisant du bien et guérissant tous ceux qui étaient sous l'empire du diable, car Dieu était avec lui. » (10 :38)

Ce qui frappe dans ce texte, c'est que Jésus a été oint deux fois, la première fois du Saint Esprit et la seconde fois de force. Le Saint Esprit est descendu sur lui lors du baptême dans l'eau, et il a reçu l'onction de la force lors de la tentation dans le désert. (Luc 3 :21,22 ; 4 :1-13) Après avoir décrit la scène de la descente du Saint Esprit sur Jésus sous la forme d'une colombe, Luc tint à préciser que « Jésus, rempli du Saint Esprit, revint du Jourdain, et il fut conduit par l'Esprit dans le désert, où il fut tenté par le diable quarante jours. » (Luc 4 :1,2) Après la description de la scène de la tentation, Luc y ajouta : »Jésus, revêtu de la puissance (de la force) de l'Esprit, retourna en Galilée. » (Luc 4 :14)

Si le Seigneur rempli du Saint Esprit fut revêtu de la puissance de l'Esprit afin de pouvoir s'acquitter de sa tâche, à combien plus forte raison ses disciples ont besoin de ces deux onctions.

Après la seconde onction, la puissance de l'Éternel ne le quitta pas. Le verset suivant en et la preuve : »Un jour Jésus enseignait. Des pharisiens et des docteurs de la loi étaient là assis ;… et la puissance du Seigneur se manifestait par des guérisons. » (Luc 5 :17)

Le texte précédent de Pierre relève encore une chose énorme : Jésus guérissait ceux qui étaient sous l'empire du diable. L'Ancien Testament enseignait que le bien et le mal viennent de l'Éternel. Pierre fait entendre que les maladies viennent du diable, et que Jésus combattit le diable pour guérir les malades. Dans ce combat Jésus utilisait et utilise aujourd'hui même la puissance de l'Éternel. Dans l'époque de la grâce, les guérisons divines résultent donc de ce combat.

Tout de même, il n'y a aucune contradiction entre l'Ancien et le Nouveau Testament, mais Pierre y relève comme une nouveauté le rôle guerrier du Chris incarné. Avant son incarnation, le Père exerça son contrôle sur le diable, qui rendit malades avec l'approbation divine les esclaves du péché. C'est pourquoi on disait que les maux aussi viennent de l'Éternel. Mais ceux-ci venaient directement du diable. (Job 2 :6,7) Christ est venu pour détruire les œuvres du diable. (1Jean 3 :8)

Ensuite Pierre parla du sacrifice et de la résurrection de Christ, dont il était le témoin. Il y a une insertion qui m'est très précieuse : » nous…avons mangé et bu avec lui, après qu'il fut ressuscité des morts ; » (10 :41)

Son discours atteint son apogée dans les deux versets suivants : »Et Jésus nous a ordonné de prêcher au peuple et attester que c'est lui qui a été établi par Dieu juge des vivants et des morts. Tous les prophètes rendent de lui le témoignage que quiconque croit en lui reçoit par son nom le pardon des péchés. » (10 :42 ,43)

Ces deux versets offrent au public de choisir entre la condamnation et l'amnistie divines. Chacun de nous peut rencontrer Christ comme son juge ou bien comme son défenseur.

Lorsque Pierre prononça ces mots, le Saint Esprit descendit sur son auditoire. Ils parlaient en langues glorifiant Dieu. Ce puissant baptême dans le Saint Esprit fit arracher à Pierre les mots suivants : »Peut-on refuser l'eau du baptême à ceux qui ont reçu le Saint Esprit aussi bien que nous ? » (10 :47) Ce jour même on baptisa toute la maison de Corneille. Le Seigneur a eu soin que son élu reçoive le salut de son âme.

Pierre aux prises avec les Juifs légalistes

La nouvelle de la conversion de Corneille s'est rapidement ébruitée dans toute la Jérusalem. Lorsque Pierre y fut monté, les fidèles circoncis lui firent de reproches : »Tu est entré chez de incirconcis, et tu as mangé avec eux. » (11 :3)

Comme réponse, Pierre se mit à leur exposer ce qui s'était passé. Tout d'abord, il leur raconta la vision qu'il a eue à Joppé, lorsqu'il priait sur le toit de la maison. Il rendit aussi le dialogue qu'il avait eu avec le Seigneur au sujet des animaux à sacrifier.

Après cette vision, trois hommes venus de Césarée se présentèrent à la porte de la maison où il séjournait. L'Esprit lui dit de partir avec eux sans hésiter. Corneille lui raconta sa rencontre avec l'ange de l'Éternel et l'ordre qu'il reçut de lui : »Envoie quelqu'un à Joppé, et fais venir Simon, surnommé Pierre, qui te dira des choses par lesquelles tu seras sauvé, toi et toute ta maison. » (11 :13,14)

Lorsque Pierre se fut mis à parler, le Saint Esprit descendit sur eux et les baptisa. Pierre acheva son discours par une question poétique : »Or, puisque Dieu leur a accordé le même don qu'à nous, qui avons cru au Seigneur Jésus-Christ, pouvais-je, moi, m'opposer à Dieu ? » (11 :17) Les Juifs en conclurent que l'Éternel a accordé la repentance aussi aux païens, afin qu'ils aient la vie.

À la fin de ce chapitre, Luc dirige son intérêt vers l'Église d'Antioche. Les persécutions survenues à propos d'Étienne ont dispersé les disciples jusqu'en Phénicie, dans l'île de Chypre et à Antioche. À Antioche ils s'adressèrent aussi aux Grecs, leur annonçant la bonne nouvelle du Seigneur Jésus. « La main du Seigneur était avec eux, et un grand nombre de personnes crurent et se convertirent au Seigneur. » (11 :21) La croissance d'une assemblée quelqu'une se doit donc à l'assistance du Seigneur. Par contre, si un assemblée décroît, cela se doit à l'absence de a main de Dieu.

Le bruit en parvint aux oreilles des apôtres, qui envoyèrent Barnabas jusqu'à Antioche. Lorsqu'il y fut arrivé, il les exhorta à rester d'un cœur ferme attachés au Seigneur. « Car c'était un homme de bien, plein d'Esprit Saint et de foi. » (11 :23,24) Ainsi donc, les prédicateurs pleins d'Esprit mettent un accent à part sur la fidélité envers Christ.

Barnabas amena Paul à Antioche, et tous deux bâtirent l'assemblée pendant toute une année. « Ce fut à Antioche que, pour la première fois, les disciples furent appelés chrétiens, du nom de Christ. Aujourd'hui même, tout chrétien authentique est disciple de Christ. Et toutes les promesses faites aux disciples sont valables aux chrétiens véridiques.

Le prophète Agabus descendit de Jérusalem à Antioche et « annonça par l'Esprit qu'il y aurait une grande famine sur toute la terre. Les disciples envoyèrent par Barnabas et par Paul un secours aux frères qui habitaient la Judée.

On sait que les apôtres ont la charge de fonder des assemblées dans le territoire des païens, peuples qui ne connaissent point le Dieu Vivant. Les disciples qui fondèrent une assemblée à Antioche furent donc des apôtres, dont on ne connaît même pas les noms. Alors, pourquoi soutiennent d'aucuns que le nombre des apôtres se limite à douze ? Donnons la liberté au Dieu d'appeler des apôtres à son service dans tous les siècles de la Grâce !

Arrestation et libération de Pierre

Instrument du diable, le roi Hérode se mit à maltraiter les membres de l'Église, et il fit mourir Jacques, frère de Jean. Puis il fit arrêter Pierre pendant les jours des pains sans levain.

Pierre était donc gardé dans la prison et l'assemblée intercéda pour lui Devant Dieu. La veille de sa comparution devant le tribunal du roi, Pierre, lié de chaînes, dormait entre deux soldats. Un ange du Seigneur survint dans une lumière brillante. Il le réveilla Pierre en le frappant au côté et disant : »Lève-toi promptement ! Les chaînes tombèrent de ses mains.» (12 :7) L'ange lui donna d'autres indications encore : »Mets ta ceinture et tes sandales … Enveloppe-toi de ton manteau, et suis-moi. » (12 :8) Ils passèrent la première garde, puis la seconde, la porte de fer s'ouvrit d'elle-même devant eux. Lorsque l'ange l'eut quitté, Pierre se rendit compte qu'il était réellement libre.

Après une courte réflexion, il se dirigea vers la maison de Marie, mère de Jean, surnommé Marc. Quant il frappa à la porte, Rhode, la servante, reconnut sa voix. Elle courut annoncer que Pierre était devant la porte. « Ils dirent : Tu es folle. Mais elle affirma que la chose était ainsi. Et ils dirent : C'est son ange. » (12 :15,16)

Et dire que Dieu écouta les paroles de leur foi chancelante ! Ils prièrent pour la libération de Pierre, mais ils n'y croyaient pas ! D'ailleurs, il est intéressant de constater que l'ange gardien ressemble à la personne qu'il garde.

Pierre leur raconta comment le Seigneur l'avait tiré de la prison, puis il sortit et s'en alla dans un autre lieu. Quant au roi Hérode, il supplicia les gardes.

Ce chapitre s'achève sur la mort du roi. Il ressentit de l'hostilité envers les Tyriens et le Sidonien. Ceux-ci gagnèrent Blaste, le chambellan, et ils vinrent trouver le roi parce que leur pays tirait sa subsistance de celui du roi. Revêtu de ses habits royaux, Hérode les harangua publiquement. Le peuple s'écria : »Voix d'un dieu et non d'un homme ! » (12 :22) « Au même instant, un ange du Seigneur le frappa, parce qu'il n'avait pas donné gloire à Dieu. Et il expira, rongé de vers. » (12 :23)

Ce monarque s'était donné à des excès de méchanceté. Dieu décida donc de le faire mourir d'une manière mémorable afin de donner une leçon à tous les despotes. Les hommes doivent donner gloire à Dieu pour tous leurs talents, car tout don parfait vient du Père des Lumières. (Jacques 1 :17 ; 1 Cor.4 :7) Le roi Hérode a enfreint cette règle.

Barnabas et Saul mis à part par le Saint Esprit

Dans l'Église d'Antioche, composée principalement de Grecs, il y avait des prophètes et des docteurs dont : Barnabas, Simeon, Lucius de Cyrène et Manahen.

Pendant qu'ils servaient le Seigneur et qu'ils jeûnaient, Le Saint Eprit leur dit par un vase sanctifié : « Mettez-moi à part Barnabas et Saul pour l'œuvre à laquelle je les ai appelés. » (13 :2) « Alors, après avoir jeûné et prié, ils leur imposèrent les mains, et les laissèrent partir. » (13 :3)

Voilà la manière dont on oint les apôtres ou missionnaires. L'Esprit Saint les désigne par une prophétie, et les anciens de l'Église, après avoir jeûné et prié, leur imposent les mains.

En tant qu'apôtres oints, Barnabas et Paul descendirent à Séleucie, ensuite ils s'y embarquèrent pour l'île de Chypre. À Paphos le proconsul Sergius Paulus les fit appeler dans le désir d'entendre la Parle de Dieu. Mais Elymas, le magicien, leur fit opposition, cherchant à détourner le proconsul de la foi. Alors, Paul fixa les regards sur lui, et dit : »Homme plein de toute espèce de ruse et de fraude, fils du diable, ennemi de toute justice, ne cessera-tu point de pervertir les voies droite du Seigneur ? Maintenant voici, la main du Seigneur est sur toi, tu seras aveugle, et pour un temps tu ne verras pas le soleil. » (13 :10,11) Le magicien perdit la vue sur place. Frappé de la doctrine du Seigneur, le proconsul crut.

Lorsqu'on prêche la bonne nouvelle, les fils du diable signalent leur présence par l'opposition qu'ils y font. La Bible emploie assez souvent l'expression de « fils du diable » à l'adresse de certains gens puisqu'ils appartiennent spirituellement à Satan et accomplissent les désirs de leur père. (Jean 8 :44) Le Seigneur Jésus vit en Judas l'Iscariot un démon incarné. (Jean 6 :70,71) L'apôtre Jean parle ouvertement des enfants de Dieu et des enfants du diable. Selon lui, Caïn était du malin. (1 Jean 3 :10-12) Cette vérité que l'apôtre Paul nous a dévoilée peut rendre libre comme toute parole de Dieu. (Jean 8 :32) Toutefois, certains ne peuvent pas la digérer.

La confrontation entre l'apôtre Paul et le magicien Élimas prouve que les enfants de Dieu triomphent généralement des enfants de Satan.

Mais dans une époque où les prédicateurs discréditent le baptême dans le Saint Esprit les rapports de force peuvent changer en faveur des magiciens, qui en sont venus à organiser des conférences.

Après cette confrontation mémorable, Paul et ses compagnons se rendirent à Perge en Pamphylie, où Jean se sépara d'eux et s'en alla à Jérusalem. Les apôtres poursuivirent leur route et arrivèrent à Antioche de Pisidie.

Le jour du sabbat, Barnabas et Paul entrèrent dans la synagogue, où l'on leur donna la parole. Paul se leva et tint un discours. En voilà les points principaux. Dieu choisit le peuple d'Israël qui fit un séjour en Égypte. Dieu l'en fit sortir par son bras puissant et le nourrit quarante ans dans le désert. « Ayant détruit sept nations au pays de Canaan, il leur accorda le territoire comme propriété. » (13 :19) Arès l'âge des juges, il s'ensuivit la royauté. Le roi Saül, fils de Kis, a été rejeté ; et David, fils d'Isaïe le remplaça sur le trône.

« C'est de la postérité de David que Dieu, selon sa promesse, a suscité à Israël un Sauveur, qu est Jésus. » (13 :23) Bien que Jean le Baptiseur lui fît témoignage, les chefs méconnurent Jésus et le firent mourir. Mais Dieu l'a ressuscité des morts. Dans son argumentation, Paul s'appuya sur le Psaume 16, notamment sur le verset 10 : »tu ne permettras pas que ton sain voie la corruption. »

La conclusion que Paul tira de son discours est incisive : »Sachez donc, hommes frères, que c'est par lui que pardon des péchés vous est annoncé, et que quiconque croit est justifié par lui de toutes les choses dont vous ne pouviez être justifiés par la loi de Moïse. Ainsi ; prenez garde qu'il ne vous arrive ce qui est dit dans les prophètes : Voyez, vous le arrogants, soyez étonnés et disparaissez, car je vous fais en vos jours une œuvre que vous ne croiriez pas si on vous le racontait. » (13 :38-41) À la sortie, on les pria de parler le sabbat suivant sur le même chose.

Dans ce discours, Paul tint à souligner la primauté de la grâce sur le Loi. La foi en Christ justifie de toutes les choses dont on ne pouvait pas être justifié par la Loi.

Le sabbat suivant presque tout la ville se rassembla pour écouter la Parole de Dieu. Remplis de jalousie, les Juifs contredirent Paul en l'injuriant. En réplique, l'apôtre leur communiqua son intention de se tourner vers les païens.

« Les païens se réjouissaient en entendant cela, ils glorifiaient la parole de Seigneur, et tous ceux qui étaient destinés à la vie éternelle crurent. » (13 :48)

Ce verset effleure la théorie de la prédestination, soutenue par Calvin et par Saint Augustin. En outre, cette théorie se base sur Romains 8 :28-39 ; 9 :6-29)

Les Juifs excitèrent les femmes de dévotion et ils provoquèrent une persécution contre les apôtres. « Paul et Barnabas secouèrent contre eux la poussière de leurs pieds, et allèrent à Icône. » (13 :51)

Paul et Barnabas à Icône, à Lystre et à Derbe

À Icône, Paul et Barnabas entrèrent dans la synagogue et parlèrent de telle manière qu'une grande multitude de Juifs et de Grecs crurent.

Mais les Juifs incrédules excitèrent les esprits contre les apôtres. La population de la ville se divisa : les uns étaient pour les apôtres, les autres pour les Juifs. Comme leurs adversaires se préparaient à les lapider, les apôtres se réfugièrent dans les villes de Lycaonie :Lystre et Derbe.

À Lystre il y avait un homme boiteux de naissance, qui écouta Paul. Celui-ci, « fixant les regards sur lui et voyant qu'il avait la foi pour être guéri, dit d'une voix forte : Lève-toi sur tes pieds. Et il se leva d'un bond et marcha. » (14 :9,10)

À la vue de ce miracle de guérison, la foule éleva la voix : »Les dieux sur une forme humaine sont descendus vers nous. » (14 :11) Le prêtre de Jupiter amena des taureaux et voulait, de même que la foule, offrir un sacrifice. Les apôtres déchirèrent leurs vêtements et se précipitèrent au milieu de la foule pour attester qu'ils étaient, eux aussi, des hommes. Ils l'exhortèrent à abandonner les idoles et se tourner vers le Dieu vivant, qui a fait les cieux et la terre. Ils empêchèrent, de la sorte, la foule de leur offrir un sacrifice.

Cette scène démontre qu'il répugne aux apôtres de recevoir l'adoration des humains. Toute créature adorée est une idole devant le Créateur. (Romains 2 :24,25)

Alors des Juifs arrivèrent d'Antioche et d'Icône, qui gagnèrent la foule et firent lapider Paul. Mais celui-ci se leva lorsqu'il eut été entouré de disciples.

Le lendemain Paul partit pour Derbe dans la compagnie de Barnabas. « Quant ils eurent évangélisé cette ville et fait un certain nombre de disciples, ils retournèrent à Lystre, à Icône et à Antioche. » (14 :21) Ils y désignèrent des anciens, et   après avoir prié et jeûné, ils les recommandèrent au Seigneur en qui ils avaient cru.

Les deux apôtres traversèrent la Pisidie et la Pamphylie, puis ils descendirent à Attalie, où ils s'embarquèrent pour Antioche. Après leur arrivée, il y racontèrent tout ce que Dieu avait fait avec eux, ouvrant aux nations la porte de a foi.

Concile de Jérusalem

Les disciples provenus des nations ont été troublés par certains prédicateurs juifs, qui enseignèrent les frères disant : »Si vous n'êtes circoncis selon le rite de Moïse, vous ne pouvez être sauvés. » (15 :1)

Paul et Barnabas eurent avec eux une vive discussion. Les frères décidèrent de traiter cette question devant les anciens de Jérusalem. Ils y envoyèrent donc Paul et Barnabas. Arrivés à Jérusalem, ils furent accueillis par les apôtres et les anciens de l'Église. Ils leur racontèrent tout ce que Dieu avait fait par leur ministère. Des pharisiens se levèrent, en soutenant qu'il fallait circoncire les païens convertis à Dieu et leur exiger l'observation de la Loi de Moïse.

Certains ministres de la Parole ne distinguent point que la Loi et la Grâce comportent deux systèmes différents de sanctification, bien que l'apôtre Jean en fît mention. (Jean 1 :17) Jésus même y fit allusion dans la Parabole du drap neuf et des outres neuves. (Luc 5 :33-39) Il est donc dangereux d'en mêler les éléments.

Paul précise que la Loi « n'a rien amené à la perfection. » (Hébreux 7 :19) Ce n'est que la faute soit à la Loi. C'est que le partenaire de la Loi, c'est la nature charnelle de l'homme, vendue au péché. Tandis que le partenaire de la Grâce, c'est la nature christique du chrétien né de nouveau d'une semence incorruptible : la Parole de l'Évangile. C'est pourquoi, celui qui se subordonne à la Loi fait activer sa vielle nature et néglige l'homme nouveau. Celui qui obéit à l'Évangile fait activer le Christ qui habite en lui par son Esprit. Par conséquent, obéir à la Loi, c'est servir Dieu par la chair, service désagréable à l'Éternel. Les Galates sont tombés dans ce piège, ce qui arrachait à Paul une remontrance véhémente : »O, Galates dépourvus de sens ! Qui vous a fascinés, vous ; aux yeux de qui Jésus-Christ a été peint comme crucifié ? Voici seulement ce que je veux apprendre de vous : Est-ce par les œuvres de la Loi que vous avez reçu l'Esprit, ou par la prédiction de la foi ? Êtes-vous tellement dépourvus de sens ? Après avoir commencé par l'Esprit, voulez-vous maintenant finir par la chair ? » (Galates 3 :1-3)

C'est l'une des plus rands tragédies, qu'on renonce à servir Dieu en esprit pour revenir à le servir en chair. C'est simplement tomber de la grâce, idée retrouvée dans cette même Épître adressée aux Galates : »Vous êtes séparés de Christ, vous tous qui cherchez la justification dans la Loi ; vous êtes déchus de la grâce. (Galates 5 :4)

Lorsque Paul parle de la Loi, il en parle comme d'un système de sanctification, y compris : commandements, habitudes, traditions. Selon lui, la loi n'a pas été faite pour le juste, mais pour les méchants. (1 Timothée 1 :9,10) Ainsi donc elle ne peut s'adresser à ceux qui sont justifiés en Christ. Elle ne peut transformer les pécheurs en saints. Le rôle de la Loi, c'est de donner le sentiment de culpabilité à ceux qui l'écoutent. (Romains 3 :19) Paul nous avertit concernant la Loi : »Personne ne sera justifié devant Lui par les œuvres de la loi, puisque c'est par la loi qu vient la connaissance du péché. » (Romains 3 :20) Le Seigneur Jésus fit une remarque étonnants aux Juifs, ses adversaires : »Moïse ne vous a-t-il pas donné la loi ? Et nul de vous n'observe pas a loi. » (Jean 7 :19) D'où donc ce zèle d'observer la loi ? Ce ne serait point le change qu'on donne aux croyants ?

L'auteur de l'Épître aux Hébreux met en relief une chose à laquelle la plupart des prédicateurs ne prêtent pas l'oreille : »Car le sacerdoce étant changé, il y a aussi nécessairement un changement de loi. » (Hébreux 7 :12) Notre grand sacrificateur, Jésus est sorti de la tribu de Juda, et non pas de la tribu de Lévi. (Hébreux 7 :14) « Il y a ainsi abolition d'une ordonnance antérieure, à cause de son impuissance et de son inutilité…., et introduction d'une meilleure espérance, par laquelle nous nous approchons de Dieu.» (Hébreux 7 :18,19) Cette meilleure espérance réside dans la Loi de Christ qui remplace la Loi de Moïse.

En ce qui concerne la circoncision, Paul se déclare le partisan de la circoncision du cœur, selon l'Esprit, qui l'emporte sur la circoncision de la chair. (Romains 2 :28,29) Le chrétien véridique a lui aussi part à cette circoncision. En voilà le témoignage : »Et c'est en Lui que vous avez été circoncis d'une circoncision que la main n'a pas faite, mais de la circoncision de Christ, qui consiste dans le dépouillement du corps de la chair : ayant été ensevelis avec Lui par le baptême, vous êtes aussi ressuscités en Lui et avec Lui, par a foi en la puissance de Dieu, qui l'a ressuscité des morts. » (Colossiens 2 :11,12) Nous sommes donc circoncis par l'Esprit au moment où nous mourons et nous ressuscitons symboliquement en Christ dans l'eau du baptême.

Le Concile de Jérusalem traita donc la façon dont le disciple provenu des nations doit se rapporter à la Loi de Moïse. Pierre prit la parole le premier et il prouva que Dieu a mis l'Évangile à la disposition des païens par son service afin qu'ils croient et qu'ils en aient le cœur pur. En plus, Dieu leur a donné son Saint Esprit, ne faisant aucune différence entre eux et le peuple élu. Indigné par les prétentions légalistes, Pierre conclut : »Maintenant donc, pourquoi tentez-vous Dieu, en mettant sur le cou des disciples un joug que ni nos pères, ni nous n'avons pu porter ? Mais, c'et par la grâce du Seigneur Jésus que nos croyons être sauvés, de la même manière qu'eux. » (15 :10,11)

Après lui, Paul et Barnabas racontèrent les prodiges que Dieu avait faits par eux au milieu des peuples évangélisés.

Jacques attesta bibliquement que Dieu ne dédaigne point les nations et il a choisi au milieu d'elles un peuple qui porte son nom. Pour donner plus de poids à son discours, Jacques, frère du Seigneur, cita le prophète Amos : »Après cela je reviendrai, et je relèverai de sa chute la tente de David, j'en réparerai les ruines, afin que le reste des hommes cherche le Seigneur, ainsi que toutes les nations sur lesquelles mon nom est invoqué, dit le Seigneur, qui fait ce choses, et à qui elles sont connues de toute éternité. » (15 :16-18) Voici maintenant sa conclusion : »C'est pourquoi je suis d'avis qu'on ne crée pas de difficultés à ceux des païens qui se convertissent à Dieu. » (15 :19)

Mise en écrit, la décision du Concile fut la suivante : »Car il a paru bon au Saint Esprit et à nous de ne vous imposer d'autre charge que ce qui est nécessaire, savoir, de vous abstenir des viandes sacrifiées aux idoles, du sang, des animaux étouffés, et de la débauche. » (1528,29)

Cette décision a été portée à Antioche par Jude et Silas. Paul et Barnabas les y accompagnèrent.

Paul eut le désir de revoir les frères dans les villes qu'il avait parcourues avec Barnabas. Celui-ci voulait emmener aussi Marc. Paul s'y refusa car Marc les avait quittés depuis la Pamphylie. Ce dissentiment fut assez grand pour les séparer l'un de l'autre. Barnabas s'embarqua avec Marc pour l'île de Chypre. Paul choisit Silas et partit pour la Syrie.

Paul et Silas à Philippes

Ensuite, il se rendit à Derbe et à Lystre, où il rencontra un disciple nommé Thimothée, fils d'une femme juive et d'un père grec. Il le circoncit, à cause des Juifs, car il voulut l'emmener avec lui. Opérer un circoncision visible sur un disciple qui avait déjà reçu la circoncision invisible de l'Esprit, c'était une compromise, faite pour plaire aux hommes.

Empêchés par le Saint Esprit d'annoncer la Parole dans l'Asie, Paul, Silas et Thimothée traversèrent la Phrygie et le pays de Galatie. À Troas, Paul eut une vision de nuit :un Macédonien lui apparut et lui fit une prière : « Passe en Macédoine, secours-nous ! » Paul en conclut que le Seigneur les y appelait annoncer la bonne nouvelle.

Partis de Troas, les apôtres firent le trajet : Samothrace, Néapolis, Philippes. Le jour du sabbat, ils se rendirent hors de la ville, vers une rivière où il y avait un lieu de prière. Ils y parlèrent aux femmes qui étaient réunis. Lydie, une femme craignant Dieu, marchande de pourpre de son état, écouta attentivement ce que disait Paul, car le Seigneur lui ouvrit le cœur. Lorsqu'elle eut été baptisée, elle les invita à demeurer ans sa maison.

Sans contredit, les personnes craignant Dieu accueillent de bon cœur le message de Évangile, puisque Dieu y dispose leur cœur. Tandis que le cœur des athées reste endurci.

Dans la ville de Philippe il y eut un servante qui avait un esprit de Python disant la bonne aventure. Cette magicienne se mit à suivre les apôtres, en criant : »Ces hommes sont les serviteurs du Dieu Très-Haut, et ils vous annoncent la voie du salut » (16 :17) Irrité de la réclame que lui faisait Satan, Paul se tourna vers la servante et dit à l'esprit qui parlait par elle : »Je t'ordonne, au nom de Jésus-Christ, de sortir d'elle. Et il sortit à l'heure même. » (16 :18)

Les esprits immondes obéissent aux ordres donnés au nom de Christ, qui vainquit Satan sur la croix de Golgotha, versant son sang pur pour la rédemption de ceux qui se fient à son Nom. Ce sang purifie de tout péché, œuvre du diable. Ayant détruit le péché, Jésus détruisit aussi l'inventeur du péché et délivra les esclaves du péché.

Les maîtres de la servante délivrée de l'esprit de Python traînèrent Paul devant le tribunal, l'accusant d'avoir annoncé des coutumes nocives. Les magistrats ont fait battre de verges Paul et Silas et ils les jetèrent en prison.

Vers le minuit, Paul et Silas se mirent à prier et à chanter les louanges de Dieu. Il sévit soudain un grand tremblement de terre, toutes les portes de la prison s'ouvrirent et les liens des prisonniers furent rompus. Lorsqu'il se fut réveillé, le geôlier tira son épée et allai se tuer. Mais Paul lui cria : »Ne te fais point de mal, nous sommes tous ici.» (16 :28) Alors, le geôlier les fit sortir et leur demanda : »Seigneurs, que faut-il que je fasse pour être sauvé ? Paul et Silas répondirent : Crois au Seigneur Jésus, et tu seras sauvé, toi et ta famille. » (16 :30,31) Les apôtres lui annoncèrent la parole du Seigneur Jésus. Il les accueillit dans sa maison et il fut baptisé et les siens de même. Ce fut pour le geôlier la cause d'une grande joie.

Le jour suivant les préteurs transmirent au geôlier l'ordre de relâcher les prisonniers de la veille. Paul eut la prétention que les préteurs viennent en personne les mettre en liberté. Il en fut ainsi.

Ce récit démontre qu'une seul chose est nécessaire pour être sauvé : croire à la Divinité de Christ et mettre en application cette foi dans l'eau du baptême. Lorsqu'on plonge dans l'eau, on meurt en Christ, lorsqu'on se dresse, on ressuscite en Christ.

Les persécutions ne doivent point empêcher les croyant de prier et de chanter les louanges du Seigneur, qui peut délivrer de manière miraculeux. C'était exactement le cas de Paul et de Silas.

Paul à Thessalonique, à Bérée et à Athènes

« Paul et Silas passèrent par Amphipolis et Apollonie, et ils arrivèrent à Thessalonique. » (17 :1) Comme de coutume, ils entrèrent dans la synagogue et ils y expliquèrent que le Christ devait souffrir et ressusciter des morts.

Une grande multitude de Grecs crurent et se joignirent à Paul et à Silas. Mais les Juif jaloux provoquèrent des attroupements. Comme ils n'ont pas trouvé Paul, ils traînèrent Jason et quelques frères devant les magistrats, en criant : »Ces gens, qui ont bouleversé le monde, sont aussi venus ici, et Jason les a reçus. Ils agissent tous contre les édits de César, disant qu'il y a un autre roi, Jésus.» (17 :6,7) À la fin, les magistrats laissèrent aller Jason, après avoir obtenu de lui une caution.

Comme mesure de précaution, les frères firent partir de nuit Paul et Silas pour Bérée. Ils y entrèrent dans la synagogue des Juifs. Ceux-ci reçurent la parole avec beaucoup d'empressement. « Ils examinaient chaque jour les Écritures, pour voir si ce qu'on leur disait était exact. » (17 :11) À mon avis, leur habitude est propre à ceux qui croient à l'inspiration divine des Écritures. Le Christ incarné eut la conviction que la Parole de Dieu est la vérité. (Jean 17 :17) On peut donc facilement détecter les mensonges en le confrontant avec la vérité de la Bible.

Les Juifs de Thessalonique, ayant appris que Paul prêcha l'Évangile à Bérée, y vinrent pour ameuter la ville contre les apôtres. Comme mesure de prévision, les frères firent partir Paul pour Athènes.

Arrivée dans la capitale de la Grèce, Paul ne se limita point à visiter la synagogue, mais il s'entretint avec les philosophes épicuriens et stoïciens, qui le menèrent à l'Aréopage pour lui donner l'occasion d'exposer ses idées en public.

Il commença son discours par l'appréciation que les Athéniens étaient religieux. Il découvrit dans la ville un autel à l'inscription : »À un dieu inconnu. » Paul leu annonça donc ce Dieu qu'ils méconnurent. « Le Dieu qui a fait le monde et tout ce qui s'y trouve, étant le Seigneur du ciel et de la terre, n'habite point dans des temples faits de main d'homme. » (17 :24) Il a voulu que les hommes, issus d'un seul sang, cherchent sa face, bien qu'il ne soit loin de nous. « Car en lui nous avons la vie, le mouvement, et l'être », étant sa race. (17 :28) « Nous ne devons pas croire que la divinité soit semblable à de l'or, à de l'argent ou à de la pierre. » (17 :29)

Son discours finit par un avertissement mémorable : »Dieu, sans tenir compte des temps d'ignorance, annonce maintenant à tous les hommes, en tous lieux, qu'ils ont à se repentir, parce qu'il a fixé un jour où il jugera le monde, selon la justice, par l'homme qu'il a désigné, ce dont il a donné à tous une preuve certaine en le ressuscitant des morts. » (17 :30,31)

L'idée de la résurrection des morts a fait arracher de railleries aux moqueurs pleins d'orgueil. Tout de même, certains ont cru et se sont attachés à Paul, notamment Denys, l'aréopagite et une femme nommée Damaris.

Ce discours n'a rien perdu de son actualité. Il y a un seul Dieu, Créateur du ciel et de la terre. Il a créé tous les hommes d'un seul sang, celui d'Adam. Nous avons tous la vie, le mouvement et l'être en Dieu, étant sa race. Le péché originel nous a éloignés de l'Éternel et nous a engagés dans une voie errante, indépendante de la volonté divine. Il nous faut s'en repentir car Dieu a fixé un jour où il jugera les pécheurs par Jésus Christ qu'il a ressuscité des morts. La menace du jugement dernier déterminera les élus à se repentir et à se fier au sacrifice et à la résurrection de Christ. Les incrédules ne cesseront de se moquer de l'idée de la résurrection des morts, pour leur perte.

Paul à Corinthe

Étant parti d'Athènes, Paul arriva à Corinthe. Il s'y lia d'amitié avec un couple venu d'Italie :Aquilas et Priscille. Ceux-ci avaient le même métier que Paul : ils fabriquaient des tentes.

Paul s'efforça de persuader des Juifs et des Grecs que Jésus était le Christ. Les Juifs lui firent opposition en se livrant à des injures. « Paul secoua ses vêtements, et leur dit : Que votre sang retombe sur votre tête ! J'en suis pur. Dès maintenant j'irai vers les païens. » (18 :6) Paul quitta la synagogue et se retira dans la maison de Justus, homme craignant Dieu. Cependant Crispus, le chef de la synagogue crut au Seigneur.

Jésus se présenta à Paul dans une vision de nuit et il lui dit : »Ne crains point, mais parle, et ne te tais point, car je suis avec toi, et personne ne mettra la main sur toi pour te faire du mal. Parle, car j'ai un peuple nombreux dans cette ville » (18 :9,10)

Il est à éclaircir ce que les prophètes entendaient par l'expression : Je suis pur de votre sang. Selon la Loi, le terme de sang désignait l'âme ou bien la vie. Si un prophète négligea de transmettre un avertissement divin à un pécheur quelconque, ce pécheur allait mourir à cause de son péché, mais son sang retombait sur le prophète en question. (Ezéchiel 33 :7-9) Or, le Bonne Nouvelle est essentiellement un avertissement adressé aux hommes nés en péché, puisqu' elle leur indique la voie du salut et la seule manière d'échapper à la colère divine qui frappera tous ceux qui meurent dans leurs péchés. Si le chrétien n'avertit ses semblables incrédules de la colère qui plane sur eux, leur sang retombera sur sa tête. Ce n'était point le cas de Paul qui avertit les Juifs de Corinthe de la colère qui pesait sur eux.

Quant à la vision que Paul eut à Corinthe, elle fut nécessaire afin d'encourager l'apôtre que les Juifs ont battu maintes fois. Le Seigneur eut beaucoup d'élus à Corinthe qui n'ont pas encore entendu l'Évangile de Paix. C'est pourquoi il n'a pas permis aux disciples de Moïse de mettre la main sur son disciple.

Paul séjourna à Corinthe une année et six mois, en enseignant la Parole. Sous la gouvernance de Gallion, les Juifs se soulevèrent contre Paul et le menèrent devant le tribunal. Voilà leur accusation : »Cet homme excite les gens à servir Dieu d'une manière contraire à la loi. » (18 :13)

Les disciples de Moïse constatèrent donc une vérité que les chrétiens légalistes semblent ignorer. En effet, la Grâce est essentiellement contraire à la Loi. Si il en est vraiment ainsi, pourquoi mélanger les éléments de la Loi aux éléments de la Grâce ?

Homme sage, le proconsul Gallion refusa d'être juge des choses concernant la religion judaïque et il les renvoya du tribunal. « Alors tous se saisirent de Sosthène, le chef de la synagogue, le battirent devant le tribunal, sans que Gallion s'en mette en peine. » (18 :17)

Cette scène met en évidence l'esprit de vengeance des Juifs légalistes, qui se propage de nos jours même dans les milieux légalistes.

Ensuite, Paul prit congé de ses frères et s'embarqua pour la Syrie avec Priscille et Aquilas. À Cenchrées, il fit raser la tête, car il avait fait un vœu. Arrivés à Ephèse, Pal y laissa ses compagnons. Étant parti d'Ephèse, Paul débarqua à Césarée, puis il monta à Jérusalem. Après avoir vu les frères, il descendit à Antioche.

« Lorsqu'il eut passé quelque temps à Antioche, Paul se mit en route et parcourut successivement la Galatie et la Phrygie, fortifiant tous les disciples. » (18 :23)

À la fin du chapitre 18, Luc présente Apollos, homme éloquent et versé dans les Écritures qui vint à Ephèse de son Alexandrie originaire. Bien qu'il ne connût que le baptême de Jean, il enseigna avec exactitude ce qui concerne Jésus. Aquilas et Priscille le prirent sous leur protection et lui exposèrent plus exactement la voie du Seigneur. Voulant passer en Achaïe, Apollos reçut une lettre de recommandation de la part des frères. Quand il fut arrivé, il réfuta en public les Juifs, démontrant par les Écritures que Jésus est le Christ.

Celui qui démontre que Jésus est le Christ s'appuie sur des prophéties que Jésus a accomplies durant sa vie charnelle : naissance par une vierge, dans la ville de Bethléem, dans la lignée d'Isaïe, souffrance pour l'iniquité du peuple, résurrection des morts, élévation dans le Ciel. (Ésaïe 7 :14 ; Michée 5 :1 ; Ésaïe 11 :2,3 ; 53 :4-10 ; Psaume 16 :10 ; 110 :1)

Paul à Ephèse

Tandis qu'Apollos était à Corinthe, Paul se trouva à Ephèse. Il y rencontra quelque disciples de Jean le Baptiseur et il leur demanda : »Avez-vous reçu le Saint Esprit quand vous avez cru ?» Ils lui répondirent : »Nous n'avons pas même entendu dire qu'il y ait un Saint Esprit. » (19 :2)

Jean prêcha le baptême de la repentance et il dit qu'on crût en celui qui venait après lui, c'est-à-dire Jésus. En conséquence, il les baptisa au nom du Seigneur Jésus. « Lorsque Paul leur eut imposé les mains, le Saint Esprit vint sur eux, et ils parlaient en langues et prophétisaient. » (19 :6)

Luc fait mention de deux apôtres, Pierre et Paul, qui prêchèrent et mirent en application le baptême au nom de Jésus Christ. (2 :38; 10:48 ; 19 :5) Dans son discours de Pentecôte, Pierre s'adressa à la foule coupable de la crucifixion du Seigneur. Il leur attesta que ce Jésus mis à morts est devenu Christ et Seigneur, dont le nom assure le pardon des péchés. Dans la maison de Corneille, il donna l'ordre que le public baptisé dans le Sain Esprit soit baptisé aussi dans l'eau, au nom de Jésus Christ. Paul rebaptisa les disciples de Jean, au nom du Seigneur Jésus.

Or, on sait que le Seigneur, avant son élévation, a donné l'ordre qu'on fasse des disciples en baptisant les croyants au nom de la sainte Trinité : Père, Fils, Esprit Saint. (Matthieu 28 :18-20) Le Fils, c'est indubitablement Jésus de Nazareth. Il figure dans le nom de la Divinité Trinitaire.

Tout exégète inspiré convient que les Écritures ne se contredisent pas. La formule valable que le baptiseur applique dans l'eau lors d'un baptême reste celle précisée par Christ. Mais le catéchumène doit appeler dans l'eau le nom du Seigneur Jésus, du moment que en ce nom on accorde la rémission de péchés. (10 :42) C'est pourquoi il paraît que le baptême est fait au nom de Jésus. En conclusion, au point de vue du catéchumène, le baptême est fait au nom de Christ, mais au point de vue du baptiseur, le baptême est fait au nom de la Saint Trinité.

Le baptême dans le Saint Esprit des anciens disciples de Jean, c'est le cinquième dont le livre des Actes des Apôtres fait mention. Si la fête de Pentecôte est unique en son genre, le baptême dans le Saint Esprit est répétable.

Après ce baptême d'environ douze hommes, Paul entra dans la synagogue et il y prêcha le Royaume de Dieu. Comme quelques-uns décrièrent la voie du Seigneur, il se retira avec les disciples dans l'école d'un nommé Tyrannus.

Certains prédicateurs mettent une séparation entre le Royaume de Dieu et la voie du Seigneur Jésus, disant que la prédication du Royaume est propre aux disciples provenus d'Israël, tandis que la prédication de la voie du Seigneur revient aux disciples provenus des nations. Ils s'évertuent à signaler que la prédication du Royaume s'appuie sur des signes et des miracles, tandis que la prédication de l'Évangile ne nécessite point de merveilles. Ils démunissent ainsi les disciples provenus des nations de la puissance du Saint Esprit, apanage, selon eux, des croyants juifs. Cette fausse logique contredit ce que Pierre affirma dans la maison de Corneille : »En vérité je reconnais que Dieu ne fait point de favoritisme, mais en toute nation, celui qui le craint et qui pratique la justice lui est agréable. » (10 :34,35) De fait, il n'y a aucune séparation entre le concept de Royaume de Dieu et celui de voie du Seigneur Jésus, du moment que Jésus est le roi du Royaume de Dieu. (Apocalypse 19 :11-16)

L'activité de Paul à Ephèse dura deux ans, « de sorte que tous ceux qui habitaient l'Asie entendirent la parole du Seigneur. » (19 :10) Durant cette période, Dieu fit des miracles extraordinaires par les mains de Paul, « au point qu'on appliquait sur les malades des linges ou des mouchoirs qui avaient touché son corps ; et les maladies les quittaient et les esprits malins sortaient. » (19 :12)

Les fils du sacrificateur Scéva, exorcistes juifs ambulants, commencèrent à invoquer le nom de Jésus sur les démonisés, en disant : »Je vous conjure par Jésus que Paul prêche. » (19 :13) L'esprit malin leur répondit : »Je connais Jésus, et je sais qui est Paul, mais vous, qui êtes-vous ? » (19 :15) Et le démonisé s'élança sur eux et les maltraita de telle sorte qu'ils s'enfuirent.

Du temps de l'apôtre Paul, un grand nombre de magiciens d'Ephèse se convertit à Dieu. Ils brûlèrent publiquement leurs livres, dont on estima la valeur à cinquante mille pièces d'argent.

« Il survint, à cette époque, un grand trouble au sujet de la voie du Seigneur. » (19 :23) Démétrius, orfèvre fabriquant des temples de Diane, rassembla ceux du même métier, et les incita contre Paul, qui médisait de l'idolâtrie. Il craignit que la déesse de Ephésiens ne fût réduite au néant. La révolte des orfèvres prit de grandes proportions. N'ayant pas trouvé Paul, les orfèvres entraînèrent au théâtre Gaïus et Aristarque, compagnons de voyage de Paul. La foule y cria pendant près de deux heures : »Grande est la Diane de Ephésiens. » (19 :34)

Mais le secrétaire apaisa la foule, l'assurant qu'on n'a pas commis aucun sacrilège contre leur déesse. Il leur signala même que la ville risquait d'être accusé de sédition puisqu'il n'existait aucun motif de justifier un tel attroupement. Après cette appréciation, il congédia l'assemblée.

En partant de l'exemple des orfèvres d'Ephèse, on comprend que l'adoration d'une déesse est toujours une affaire d'affection pour les hommes. L'émeute qu'ils y suscitèrent en est la preuve. Du temps du prophète Jérémie, les Juifs firent des libations et offrirent de l'encens à la déesse du ciel. (Jérémie 4 :15-17) De nos jours les religieux offrent à une femme un sacrifice de louange, c'est dire le fruit de lèvres qui confessent son nom, chose due à Dieu seul. (Hébreux 13 :15)

Dans la religion judaïque il n'y a point de déesse. L'Éternel a formé le premier homme, Adam, à son image et à sa ressemblance. On en déduit en conséquence que le Créateur est comme l'homme Adam. Les déesses sont l'invention des religions de ce monde, fondées par des hommes nés en péché. Le chrétien qui adore une femme enregistre donc une chute spirituelle.

D'ailleurs le féminisme qui prend des proportions même dans certaines confessions chrétiennes est sans doute le signe de l'ingérence des Ténèbres dans les assemblées qui appellent le nom de Christ. Aujourd'hui le commandement suivant de Paul est piétinée : »Je ne permets pas à la femme d'enseigner, ni de prendre de l'autorité sur l'homme, mais elle doit demeure dans le silence. » (1 Timothée 2 :12) Toujours est-il que certains annulent ce verset en le mettant en opposition avec Galates 3 :28 : »Il n'y a plus ni Juif ni Grec, il n'y a plus ni esclaves ni libres, il n'y a plus ni homme ni femme, car tous vous êtes en Jésus Christ. » Il s'y agit d'un corps spirituelle, invisible, l'Épouse de Christ. Mais aussi longtemps, que nous sommes en chair la différence entre l'homme et la femme reste. Autrement comment pourrait-on engendrer des enfants ? Les plus grandes hérésies ont pénétré dans l'Église par des ministres femmes. (Apocalypse 2 :20)

Cène du Seigneur à Trois et prise de congé apostolique à Milet

Sur ces entrefaites, Paul prit congé des frères et partit pour la Macédoine. »Il parcourut cette contrée, en adressant aux disciples de nombreuses exhortations. » (20 :2) Ensuite il se rendit en Grèce pour un séjour de trois mois.

Il voulait s'embarquer pour Syrie, lorsqu'il apprit que les Juifs lui ont dressé des embûches. Il décida donc de reprendre la route de la Macédoine. Il s'embarqua à Philippe et au bout de cinq jours il arriva à Troas.

Le premier jour de la semaine, les disciples étaient réunis pour rompre le pain. Paul s'entretint avec ses frères en Christ, et il prolongea son discours jusqu'à minuit. Eutychus, un jeune homme assis sur la fenêtre, s'endormit et tomba du troisième étage. Paul, étant descendu, « se pencha sur lui et le prit dans ses bras, en disant : Ne vous troublez pas, car son âme est en lui. » (20 :10) Le jeune homme fut ramené vivant.

Luc mentionne que les frères de Troas étaient réunis le premier jour de la semaine pour rompre le pain. En christianisme, « rompre le pain » est une expression qui désigne la Cène du Seigneur. Ce ne fut point par hasard qu'ils rompirent le pain le premier jour de la semaine, jour de la résurrection du Seigneur. (Matthieu 28 :1-7) Ce jour est cher à Dieu de même qu'à ces enfants en Christ. (Galates 4 :6) C'est le jour d'une nouvelle création en Christ. (2 Corinthiens 5 :17) Or, comme la vieille création se souvient de son Créateur en tenant le sabbat, de même la nouvelle création se souvient de son créateur en tenant le premier jour de la semaine. C'est qu'en changeant de grand sacrificateur, Dieu changea aussi de Loi. La nouvelle loin, celle de la Grâce, est écrite dans notre esprit né de nouveau, de même que la vielle loi est écrite dans l'âme de chaque homme né en chair. (Romains 2 :14,15) Il faut encore rappeler qu'en naissant en corps humain Christ eut la loi de Dieu dans son coeur. (Psaume 40 :9)

En outre, on sous-entend que Paul, ayant pris dans ses bras Eutychus, le fit revivre. C'est le troisième cas de résurrection dont Luc fait mention. Lorsqu'on voulait relever le jeune homme, celui-ci était mort. Mais lorsque Paul le prit dans ses bras, il constata : »son âme est en lui. » Le terme d'âme y signifie « sa vie », qu'assure l'esprit. À proprement parler, Paul signifia que l'esprit d'Eutychus n'était point parti.

Partant de Trois, Paul fit la route :Assos, Mytilène, Chios, Samos, Milet. De Milet il envoya chercher les anciens de l'Église d'Ephèse. Il voulait prendre congé d'eux et leur donner ses dernières instructions.

Dès le début de son discours, Paul donna ton à sa conscience apostolique. Depuis le premier jour, où il est entré en Asie, Paul servit le Seigneur avec humilité, malgré les embûches que lui dressèrent les Juifs. Il est à savoir que, dans la période de la Grâce, les serviteurs de Dieu bâtissent et défendent l'Église. Un ministre de la Parole est appelé à prêcher le plein Évangile, sans en retrancher rien, sans y ajouter rien. À ce sujet, l'apôtre s'est adressé aux anciens en ces termes : »Vous savez que je n'ai rien caché de ce qui vous était utile, et je n'ai pas craint de vous prêcher et de vous enseigner publiquement et dans les maisons, annonçant aux Juifs et aux Grecs la repentance envers Dieu et la foi en notre Seigneur Jésus-Christ. » (20 :20)

Ces deux concepts du christianisme se complètent réciproquement. Prêcher la foi sans la repentance et prêcher la repentance sans la foi est pure perte de temps. L'homme né en péché doit se repentir de ses égarements et appeler en secours le nom de Jésus de Nazareth, Sauveur des pécheurs. L'homme convaincu de ses péchés a évidemment besoin de la rémission de ses péchés de la part du Père, rémission qui s'accorde au nom de Jésus-Christ. Un homme qui ne se considère pas pécheur n'a pas besoin de l'Agneau divin. Prêcher la foi sans la repentance est une vanité, car la foi sauve les pécheurs perdus. Les soi-disant justes n'en ont pas besoin.

Pal était averti par le Saint Esprit que des liens et des tribulations l'attendraient à Jérusalem. Mais il ne fit aucun cas de sa vie, pourvu qu'il accomplît sa course avec succès. Paul était conscient que les anciens d'Ephèse ne verraient plus sa face. C'était donc à lui de se déclarer pur du sang de son public.

L'exhortation suivante de l'apôtre n'a rien perdu de sa valeur : »Prenez donc garde à vous-mêmes, et à tout le troupeau sur lequel le Saint-Esprit vous a établis évêques, pour paître l'Église de Dieu, qu'il s'est acquis par son propre sang. » (20 :28) L'Église n'appartient donc pas à ceux qui le servent, mais à Christ qui l'a payée à prix de sang. C'est le Saint-Esprit qui établit et oint les serviteurs de Dieu. Ceux-ci sont censés lui obéir. Le Père accorde la rémission des péchés à ceux qui se fient au Fils, le Saint Esprit conduit les sauvés dans toute la vérité de l'Évangile. (Jean 16 :13) Voilà pourquoi les pécheurs repentis sont baptisés au Nom de la Sainte Trinité.

Paul attira l'attention des anciens sur les hérésies qui allaient se faufiler dans les communautés chrétiennes. Il leur a dit notamment : »Je sais qu'il s'introduira parmi vous, après mon départ, des loups cruels qui n'épargneront pas le troupeau, et qu'il s'élèvera du milieu de vous des hommes qui enseigneront des choses pernicieuses, pour entraîner les disciples après eux. » (20 :29,30)

Par conséquent, une partie des faux docteurs viennent du monde et s'introduisent dans l'assemblée, et l'autre partie provient des frères qui se proposent d'entraîner les disciples après eux. Ces deux catégories de faux docteurs poursuivent le même but : celui de voler les moutons à Jésus, en les égarant.

Dans la partie finale de son discours, Paul dit : »Et maintenant je vous recommande à Dieu et à la parole de sa grâce, à celui qui peut édifier et donner l'héritage avec tous les sanctifiés. » (20 :32)

Paul n'a aucunement dit : »Je vous recommande à la parole de la loi », car la loi ne peut donner l'héritage avec les sanctifiés.

Paul n'était point animé par l'amour de l'argent. Ses propres mains ont pourvu à ses besoins. En travaillant, il a pu soutenir les faibles. Il n'oublia pas de rappeler à ce sujet les paroles du Seigneur : »Il y a plus de bonheur à donner qu'à recevoir. » (20 :35)

Comme réponse à ce discours d'adieu, tous fondirent en larmes, et se jetant au cou de Paul, ils l'embrassaient.

Voyage à Jérusalem et arrestation de Paul

Étant partis de Milet, les missionnaires suivirent le trajet : Cos, Rhodes, Patara Tyr. À Tyr, le bâtiment devait décharger sa cargaison. Ils restèrent là sept jours.

Ils y trouvèrent des disciples qui, poussés par le Saint Esprit, disaient à Paul de ne pas monter à Jérusalem. Le jour de leur partance, les disciples les accompagnèrent jusqu'au rivage. Ils se mirent tous aux genoux sur le sable et ils prièrent.

Leur voyage les amena à Césarée. Étant entrés dans la maison de l'évangéliste Philippe, ils constatèrent que celui-ci avait trois filles vierges qui prophétisaient.

De nos jours, les prophètes sont très rares dans nos assemblées puisque Satan a eu soin de les en chasser par les hérésies qui les discréditent en bloc. La prophétie inspirée par le Saint Esprit est chez soi dans l'Assemblée Chrétienne. Les prophéties mensongères ne sont pas de date récente. On reconnaît les vrais prophètes à leurs fruits. (Matthieu

7 :13-20) Or, « le fruit de l'Esprit, c'est l'amour, la joie, la paix, la patience, la bonté, la bienveillance, la foi, la douceur, la maîtrise de soi. » (Galates 5 :22)

Un prophète nommé Agabus descendit de Judée à Césarée. « Il prit la ceinture de Paul, se lia les pieds et les mains, et dit : Voici ce que déclare le Saint Esprit : L'homme à qui appartient cette ceinture, les Juifs le lieront de la même manière à Jérusalem et le livreront entre les mains des païens. » (21 :11)

Sur ce, les frères prièrent Paul de ne pas monter à Jérusalem. Il leur répondit : » Que faites-vous en pleurant et en me brisant le cœur ? Je suis prêt non seulement à être lié, mais encore à mourir à Jérusalem pour le nom du Seigneur Jésus. » (21 :13) Alors les frères s'y résignèrent : »Que la volonté du Seigneur se fasse. » (21 :14)

Certains prédicateurs enregistrent l'attitude résignée de Paul comme une faute. Ces messieurs se considèrent plus sages que l'apôtre des nations. Ils ne conçoivent point que le Saint-Esprit peut annoncer une épreuve pour que le croyant avisé puisse l'accepter de bon cœur dans une geste de foi. En outre, Paul sut que sa carrière a déjà atteint sa fin, et il attendait la couronne de gloire.

Quant à la prophétie d'Agabus, elle atteste que dans l'Église primaire la prophétie était en honneur. Elle est le fil rouge qui parcourt les deux Testaments de la Bible. Jésus Christ est roi, sacrificateur et prophète. Son témoignage est l'Esprit de la prophétie. (Apocalypse 19 :10)

Le lendemain de son arrivée à Jérusalem, Paul se rendit chez Jacques où tous les anciens s'étaient réunis. « Il raconta en détail tout ce que Dieu avait fait au milieu des païens par son ministère. » (21 :19) Ce fut le sujet d'une grande joie au milieu des anciens. Puis, ils le mirent en garde que les milliers de Juifs de Jérusalem qui ont cru étaient tous zélés pour la Loi. Pour protéger Paul d'une émeute populaire contre lui, qui s'était déclaré contre la circoncision contre les coutumes juives, les anciens le conseillèrent de se purifier selon la foi afin de démontrer qu'il observait la Loi. Selon les anciens de Jérusalem l'observation de la Loi fut la règle générale pour les disciples juifs.

Paul tomba dans le piège de ce compromis. Malgré ses démarches légales de purification, annoncées dans le temple, les Juifs d'Asie soulevèrent toute la foule et mirent la main sur lui. Ils saisirent Paul, et le traînèrent hors du temple, et ils se mirent à le battre pour le tuer.

Au bruit de cette émeute, le tribun de la cohorte prit des soldats et courut à eux. Il fit lier Paul et demanda ce qu'il avait fait. À cause du tumulte il ne comprit rien. Alors il ordonna de mener le prisonnier à la forteresse.

Au moment d'être introduit dans la forteresse, Paul se présenta au tribun et lui demanda la permission de parler à la foule. Ce que le tribun le lui permit.

Dans la conception des anciens de Jérusalem, dont Jacques, le frère du Seigneur Jésus, la Loi ne perdit point son effet sur les croyants provenus du peuple d'Israël, idée qui va à l'encontre de l'unité entre les apôtres juifs et ceux qui croient à leurs paroles indifféremment de leur nationalité, unité stipulée par le Seigneur même. (Jean 17 :20) Si les peuples croyants forment un même corps avec les Juifs croyants, alors tous sont morts pour la Loi pour vivre au Seigneur. (Romains 6 :1-10 ; 10 :4) Il est donc conforme à la Loi de la Grâce que tous les croyants, y compris les Juifs, soient libres de la Loi de Moïse pour pouvoir obéir à la loi de Christ.

Discours de Paul devant la foule hostile

Debout sur les degrés, Paul fit signe de la main au peuple, ensuite il se mit à parler en langue hébraïque.

Il se présenta comme Juif, né à Tarse en Cilicie, instruit aux pieds de Gamaliel dans la loi ancestrale. Zélé pour les traditions juives, il persécuta la nouvelle doctrine, mettant en prison hommes et femmes. Il se rendit jusqu'à Damas afin d'amener liés à Jérusalem les adeptes de cette doctrine.

Approché de Damas, il vit une lumière venant du ciel resplendir autour de lui. Il entendit à la fois une voix : »Saul, Saul, pourquoi me persécutes-tu ? » (22 :7) Ce fut la voix du Seigneur Jésus qui lui dévoila son identité. Ses compagnons virent la lumière, mais ils n'entendirent point la voix. La réprimande de Jésus lui arracha une question : »Que ferai-je, Seigneur ? » (22 :9) Le Seigneur l'assura qu'il apprendrait à Damas ce qu'il devait faire.

Ce rencontre avec le Seigneur le rendit aveugle. Il fut conduit à Damas, où il reçut la visite d'un nommé Ananias qui lui dit : »Saul, mon frère, recouvre la vue. » (22 :13) Au même moment il recouvra la vue. Ananias lui parla de sa vocation en ces termes : »Le Dieu de nos pères t'a destiné à connaître sa volonté, à voir le Juste, et à entendre les paroles de sa bouche ; car tu lui serviras de témoin, auprès de tous les hommes, des choses que tu as vues et entendues. Et maintenant pourquoi tardes-tu ? Lève-toi, sois baptisé, et lavé de tes péchés, en invoquant le nom du Seigneur. » (22 :14-16)

Guéri de sa cécité, l'apôtre Paul fut baptisé et lavé de ses péchés en invoquant le nom du Seigneur dans l'eau du baptême. C'est le seul modèle de purification efficace devant l'Éternel. Les méthodes de purification selon la loi doivent être abandonnées.

De retour à Jérusalem, Paul entra dans le temple pour y prier selon l'usage juif. L'usage chrétien en était fixé par Christ : »L'heure vient où ce ne sera ni sur cette montagne ni à Jérusalem que vous adorerez le Père. …Mais l'heure vient, et elle est déjà venue, où les vrais adorateurs adoreront le Père en esprit et en vérité ; car ce sont là les adorateurs que le Père demande. » (Jean 4 :21,23)

Paul pria dans le temple, mais il pria en esprit et en vérité, car il servait Dieu en son esprit selon la vérité de la Parole de la Grâce. (Romains 1 :9 ; Jean 17 :17) Aussi y eut-il une vision, qu'il rendit en ces termes : »De retour à Jérusalem, comme je priais dans le temple, je fus ravi en extase, et je vis le Seigneur qui me disait :Hâte-toi, et sors promptement de Jérusalem, parce qu'ils ne recevront pas ton témoignage sur moi ; Et je lui dis :Seigneur, ils savent eux-mêmes que je faisais mettre en prison et battre de verges dans les synagogues ceux qui croyaient en toi. » (22 :17-19) Comme réponse, le Seigneur l'envoya vers les nations.

Loin d'apaiser la foule, ce discours la fit enrager. Elle se mit à crier : »Ote de la terre un pareil homme ! Il n'est pas digne de vivre. » (22 :22)

Le tribun commanda de faire entrer Paul et de lui donner la question par le fouet. Paul confessa à un centenier qu'il était citoyen romain qui n'était pas même condamné. Celui-ci en fit un rapport au tribun qui révoqua son propre ordre.

Paul même enseigne qu'on peut faire des choses en paroles et en œuvres. (Colossiens 3 :17) Il se proposa donc de faire une chose par ce discours. Il eut le dessein d'incliner les cœurs vers le Seigneur pour en sauver quelques-uns. Mais son témoignage n'a pas été reçu, par la foule ne pouvait pas entendre ses paroles. (Jean 8 :43)Son public était animé d'un autre esprit, hostile à Christ.

Concernant la compréhension des messages qu'on échange, Jean instruit ainsi : »Nous sommes de Dieu, celui qui connaît Dieu nous écoute ;

celui qui n'est pas de Dieu ne nous écoute pas : C'est par là que nous connaissons l'Esprit de vérité et l'esprit de mensonge. » (1Jean 4 :6) Ceux qui se trouvent sous la puissance du père de mensonge ne peuvent recevoir la vérité de l'Évangile de Christ.

Paul devant le sanhédrin

Le lendemain, le tribun donna l'ordre aux principaux sacrificateurs et à tout le sanhédrin de se réunir pour examiner dans un cadre officiel le cas de Paul.

Fixant ses regards sur le sanhédrin, Paul entama son discours de défense en cette manière : » Hommes frères, c'est en toute bonne conscience que je me suis conduit jusqu'à ce jour devant Dieu. » (23 :1) Le souverain sacrificateur, Ananias, ordonna qu'on le frappe sur la bouche. La réplique de Paul fut prompte : »Dieu te frappera, muraille blanchie ! Tu es assis pour me juger selon la loi, et tu violes la loi en ordonnant qu'on me frappe ! » (23 :3) Ceux qui étaient près de lui le reprirent : »Tu insultes le souverain sacrificateur de Dieu ! » Paul s'excusa : »Je ne savais pas, frères, que c'était le souverain sacrificateur. » (23 :4 ;5)

Dans le judaïsme, l'un des principes de base de la vie spirituelle, c'est celui du maintien d'une conscience pure devant Dieu. On ne peut rien reprocher à celui qui garde une conscience pure devant l'Éternel, car il accomplit toute chose pour plaire à Dieu. Paul soutint donc devant le sanhédrin son intégrité de caractère, ce qui irrita Ananias.

Pour cacher sa culpabilité d'avoir insulté Ananias, Paul soutint de ne pas le connaître en tant que souverain sacrificateur. Peut-être, ne savait-il pas que c'était le tour d'Ananias d'exercer les fonctions de souverain sacrificateur, mais il connaissait tous ceux qui faisaient partie de la famille des souverains sacrificateurs. Cette petite ruse apaisa l'hostilité du sanhédrin.

Paul sut que le sanhédrin se composa de pharisiens et de sadducéens. « Les sadducéens disent qu'il n'y a point de résurrection, et qu'il n'existe ni ange ni esprit, tandis que les pharisiens affirment les deux choses. » (23 :8) Ayant compté sur l'appui des pharisiens, Paul s'écria : »Hommes frères, je suis pharisien, fils de pharisien : c'est à cause de l'espérance et de la résurrection des morts que je suis mis en jugement. » (23 :6) En effet, il fut accusé d'avoir prêché la résurrection de Jésus de Nazareth.

À cette déclaration, l'assemblée se divisa. Il y eut une grande clameur. Quelques scribes des pharisiens prirent ouvertement sa défense : »Nous ne trouvons aucun mal en cet homme ; peut-être un esprit ou un ange lui a-t-il parlé. » (23 :9)

Comme la discorde allait en croissant, le tribun enleva Paul du milieu d'eux, craignant qu'il ne soit mis en pièces par ces gens.

Il paraît étonnant que ceux qui croient à la résurrection des morts et ceux qui n'y croient point fassent partie d'un même corps législatif. Leurs origines sacerdotales permirent aux sadducéens d'avoir des sièges dans le sanhédrin, quoiqu'ils rejetassent l'idée de la résurrection des morts, fondamentale dans le judaïsme. La résurrection des morts et l'existence des esprits sont des concepts qui vont de pair. Le monde invisible est peuplé d'esprits ayant leur propre personnalité. Les anges sont des esprits envoyer pour transmettre des messages aux élus de Dieu. Chaque homme né en chair a sa vie et son mouvement dans l'esprit qui habite en lui. Au moment de la mort, cet esprit, qui est notre homme intérieur, quitte la tente de ce corps périssable. À la résurrection générale, il entre dans un corps incorruptible et éternel. Nier la résurrection ; c'est nier indirectement l'existence du Dieu qui ressuscite les morts, Créateur de l'Univers. Celui qui ne croit pas à la résurrection de Christ s'exclut du nombre des sauvés. (Romains 4 :13-25)

La nuit suivant Paul eut un songe. Le Seigneur lui apparut et dit : »Prends courage, car de même que tu as rendu témoignage de moi dans Jérusalem, il faut aussi que tu rendes témoignage de moi dans Rome. » (23 :11)

Le Seigneur Jésus annonce d'avance certains événements à ses disciples afin que leur foi croisse au moment où ces événements s'accomplissent.

Plus de quarante Juifs formèrent un complot et firent des imprécations contre eux-mêmes qu'ils s'abstiendraient de manger et de boire jusqu'à ce qu'ils aient tué Paul. Cela dénote qu'il y a parmi les Juifs des meurtriers passionnels. Ces gens animés de vengeance furent à la fin forcés à endurer les conséquences de leurs imprécations, puisque Dieu ne leur permit pas de lyncher Paul.

Le fils de la sœur de Paul apprit ce complot et en annonça son oncle. Paul n'envoya au tribun pour lui faire part à cette nouvelle. Le tribun prit toutes les mesures pour éloigner Paul de Jérusalem. « Il appela deux des centeniers et dit : Tenez prêts, dès la troisième heure de la nuit, deux cents soldats, soixante-dix cavaliers et deux cents archers pour aller jusqu'à Césarée. » Le tribun mit donc un bataillon à escorter Paul jusqu'à Césarée. Il écrivit aussi une lettre au gouverneur Félix concernant son prisonnier. Après avoir lu la lettre, le gouverneur informa Paul qu'il paraîtrait devant ses accusateurs en sa présence.

Paul devant Félix, le gouverneur

Cinq jours après, le souverain sacrificateur Ananias arriva à Césarée, accompagné des anciens et d'un orateur nommé Tertulle.

Lorsque Paul fut appelé, Tertulle se mit à l'accuser : »Nous avons trouvé cet homme, qui est une peste, qui excite des divisions parmi tous les Juifs du monde, qui est chef de la secte des Nazaréens, et qui même a tenté de profaner le temple. » (24 :5,6)

Le gouverneur donna la parole à l'accusé. Dans son discours, Paul répondit aux accusations de ci-dessus : »On ne m'a trouvé ni dans le temple, ni dans les synagogues, ni dans la ville, discutant avec quelqu'un, ou provoquant une rassemblement séditieux de la foule. Et ils ne sauraient prouver ce dont ils m'accusent maintenant. » (24 :12,13)

Ensuite, Paul présenta au gouverneur son état religieux et les conditions de son arrestation. Il servait le Dieu de ses pères croyant tout ce qui est écrit dans la loi et dans les prophètes. Il fit entendre à Félix que l'essentiel dans la religion judaïque, c'est de croire à la résurrection des morts, car l'Éternel se reconnaît à ce qu'il fait revive les morts. La conviction de la résurrection des morts a déterminé Paul de s'efforcer de garder constamment une conscience sans reproche devant Dieu et devant les hommes.

Après plusieurs années d'absence, il est venu pour faire des aumônes à sa nation et pour présenter des offrandes. C'est dans le temple que quelques Juifs d'Asie ont mis la main sur lui. Puis il a comparu devant le sanhédrin pour sa foi en la résurrection des morts, notamment pour avoir annoncé la résurrection de Christ.

Connaisseur de la nouvelle doctrine, le gouverneur ajourna le jugement jusqu'à l'arrivée du tribun Lysias. Il donna l'ordre au centenier de garer Paul, en lui donnant une certaine liberté.

Quelques jours après, Félix vint avec sa femme Drusille pour entendre Paul sur la foi en Christ. Mais comme Paul discourait sur la justice et sur la tempérance, Félix, effrayé, lui coupa la parole : »Pour le moment retire-toi » Il espérait recevoir de lui de l'argent. Aussi l'envoyait-il chercher assez fréquemment. Deux ans s'écoulèrent ainsi. Félix eut pour successeur Porcius Festus. « Dans le désir de plaire aux Juifs, Félix laissa Paul en prison. » (24 :27)

Il faut relever que les prédications sur la justice constituent un aliment solide, impropre aux nourrissons spirituels, accoutumés au lait. (Hébreux 7 :12-14)Or, Félix , en tant que nourrisson spirituel, ne put pas assimiler un enseignement sur la justice et sur la tempérance.

Paul devant Festus, le nouveau gouverneur

Arrivée dans la province, Festus resta huit jours à Jérusalem, occasion pour les principaux sacrificateurs de porter plaint contre Paul. Ils lui demandèrent comme une faveur de le faire venir à Jérusalem. Il ne leur céda point, mais il les invita à Césarée afin de constater la culpabilité de Paul.

Le lendemain de son arrivée à Césarée, Festus, siégeant au tribunal, donna l'ordre qu'on amène Paul. Quand il fut arrivé, les Juifs l'entourèrent et portèrent contre lui de ombreuses et graves accusations.

Paul entama sa défense, en disant : »Je n'ai rien fait de coupable, ni contre la loi des Juifs, ni contre le temple, ni contre le César. » 25 :8)

Festus lui proposa d'aller à Jérusalem et y être juger en sa présence. Il fit cette proposition pour plaire aux Juifs. Paul le vit venir et appela à César. « Alors Festus, après avoir délibéré avec le conseil, répondit : Tu as appelé à César, tu iras devant le César. » (25 :12)

Conformément à une vision de Paul, il devait rendre témoignage de Christ à Rome. Dieu travailla dans les Juifs, dans Festus et dans Paul afin que on apôtre arrive à Rome pour confesser sa foi en Christ devant l'empereur romain. Les Juifs insistèrent pour amener Paul à Jérusalem, sous les mains d'un groupe de meurtriers. Festus céda à leurs insistances. Pour ne pas être livré aux Juifs, Paul appela à César. Tous ces agents hâtèrent l'accomplissement du plan divin concernant Paul.

Quelques jours après, le roi Agrippa arriva à Césarée, accompagné de sa femme, Bérénice. Festus trouva bon de lui exposer l'affaire de Paul. Les principaux sacrificateurs portèrent plaint contre lui, en demandant son supplice. Mais, » ce n'est pas la coutume des Romains de livrer un homme avant que l'inculpé ait été mis en présence de ses accusateurs et qu'il ait la faculté de se défendre sur les choses dont on l'accuse. » (25 :16)

Les accusateurs, s'étant présentés, ne lui imputèrent rien de grave. Ils avaient avec lui une discussion relative à un certain Jésus qui est mort, et que Paul affirmait être vivant. Lorsque Festus lui eut proposé d'aller à Jérusalem pour y être jugé, Paul appela à César. Agrippa exprima son désir d'entendre Paul.

Le lendemain, Agrippa et Bérénice vinrent dans la salle d'audience, avec les tribuns et les principaux de la ville. Festus leur demanda de l'aider à pouvoir écrire à César quelque chose de concret sur Paul.

Défense de Paul devant le roi Agrippa

Agrippa permit à Paul de parler pour sa défense. Paul, ayant étendu la main, commença à parler.

Il s'estima heureux d'avoir à se justifier devant le roi, car il connaissait bien les coutumes des Juifs. Il le pria de l'écouter avec patience. Il précisa d'avoir passé sa jeunesse à Jérusalem, menant une vie de pharisien selon la secte la plus rigide du peuple d'Israël. Il a été mis en jugement pour l'espérance de la résurrection des morts, espérance à l'accomplissement de laquelle aspirent les douze tribus d'Israël. Tout à coup, Paul posa une question à son public : »Quoi ! Vous semble-t-il incroyable que Dieu ressuscite les morts ? » (26 :8)

Ensuite, Paul se mit à narrer l'histoire de sa conversion. « Pour moi, j'avais cru devoir agir vigoureusement contre le nom de Jésus de Nazareth. » (26 :9) Certes, ce dessein lui a été inspiré par les princes des Ténèbres qui haïssent Christ parce qu'il les avait vaincus à Golgotha. Plusieurs fois, les hommes croient prendre des décisions de persécuter certains individus, mais ils n se rendent point compte que la haine, et la vengeance ont comme source « le prince de la puissance de l'air », « l'esprit qui agit maintenant dans les fils de rébellion. » (Ephésiens 2 :2) Avant sa conversion, Paul était l'un des fils de rébellion.

Paul raconta au roi qu'il s'était adonné à persécuter les croyants. Il les a souvent châtiés dans toutes les synagogues et les forçait à blasphémer. Dans ses excès de fureur contre eux, il les persécutait jusque dans les villes étrangères.

C'est dans ce but qu'il se rendit à Damas. Vers le milieu du jour, il vit en chemin resplendir autour de lui une lumière venant du ciel. Tous tombèrent par terre, et il entendit une voix : »Saul, Saul, pourquoi me persécutes-tu ? Il te serait dur de regimber contre les aiguillons. » (26 :14) Paul eut le courage de poser une question : »Qui es-tu, Seigneur ? Le Seigneur lui répondit : »Je suis Jésus que tu persécutes. » (26 :15)

Jésus lui fit comprendre le but de son apparition : »Je te suis apparu pour t'établir ministre et témoin des choses que tu as vues et de celles pour lesquelles je t'apparaîtrai. Je t'ai choisi du milieu de ce peuple et du milieu des païens, vers qui je t'envoie, afin que tu leur ouvres les yeux, pour qu'ils passent des ténèbres à la lumière, et de la puissance de Satan à Dieu, pour qu'ils reçoivent, par la foi en moi, le pardon des péchés et l'héritage avec les sanctifiés. » (26 :16-18)

C'est la charge d'un apôtre au niveau planétaire, mais, c'est aussi la charge de tout croyant au niveau de la localité où il vit. Les enfants de Dieu en Christ portent tous le même fardeau, celui d'ouvrir les yeux des gens de leur entourage afin que ceux-ci puissent passer des ténèbres à la lumière, et de la puissance de Satan à Dieu, pour qu'ils reçoivent, au nom de Christ, le pardon des péchés et l'héritage avec les sanctifiés.

Chaque chrétien peut accomplir sa charge, en annonçant l'Évangile sous l'inspiration du Saint Esprit. L'Évangile rend compte de deux royaume : celui de Satan et celui de Dieu. Par de nombreux exemples d'exorcisme qu'il présente, l'Évangile atteste la suprématie du monde des esprits sur le monde matériel. On comprend que les hommes pèchent du fait qu'ils sont nés dans les péchés, esclaves des démons. Tous les hommes se trouvent donc sous la puissance de Satan. Christ est venu pour détruire les oeuvres de Satan : péché, souffrance, corruption, mort. Recevoir Christ comme Sauveur amène à la délivrance du péché et de la mort et assure l'entrée dans le Royaume de Dieu.

On a les yeux spirituels ouverts, lorsqu'on voit l'ingérence de Satan dans la vie de pécheurs et lorsqu'on voit le secours et la protection que Dieu assure aux siens. Celui qui se sait sous la puissance de Satan opte pour le Sauveur venu du Ciel afin de se jouir de la rémission de ses péchés et d'avoir part au Royaume de Dieu.

Paul ne put pas résister à la vision céleste et se mit au service de Christ. Voilà pourquoi les Juifs l'ont pris en peste et voulaient le faire mourir. D'ailleurs, Moïse et les prophètes ont annoncé d'avance les souffrances et la résurrection de l'Oint de Dieu qui allait devenir la lumière du monde.

Festus lui coupa la parole : »Tu es fou, Paul ! Ton grand savoir te fait déraisonner. » (26 :24) La réplique de Paul fut prompte : »Je ne suis point fou, très excellent Festus ; ce sont au contraire des paroles de vérité et de bon sens que je prononce. Le roi est instruit de ces choses, et je lui parle librement. » (26 :25 ,26) Puis, se tournant vers le roi, il dit : »Crois-tu aux prophètes, roi Agrippa ? Je sais que tu y crois. » (26 :27)

Luc ne manqua pas de noter tout le dialogue qui s'est déroulé entre Paul et le roi. « Et Agrippa dit à Paul : Tu vas bientôt me persuader de devenir chrétien. Paul répondit : Que ce soit bientôt ou que ce soit tard, plaise à Dieu que non seulement toi, mais encore tous ceux qui m'écoutent aujourd'hui, vous deveniez tels que je suis, à l'exception de ces liens ! » (26 :28,29)

L'avis général des conducteurs de Césarée fut que Paul n'a rien fait qui méritait la mort ou la prison. Le roi Agrippa dit à Festus : »Cet homme aurait pu être relâché, s'il n'en avait pas appelé à César. » (26 :32)

Il est à retenir que Paul essaya de tester la foi du roi par la question : »Crois-tu aux prophètes, roi Agrippa ? » Toute la foi au Dieu créateur et sauveur a comme fondement les paroles des prophètes qui ont transmis des massages aux hommes, au Nom de l'Éternel. Les prophètes sont des porte-parole du Tout-Puissant. Ainsi donc l'accueil qu'on fait aux prophéties est signe de foi en Dieu.

Voyage de Paul à Rome

En vue d'un voyage en Italie, on remit Paul et quelques autres prisonniers à un centenier de la cohorte Auguste, nommé Julius. Luc était lui aussi de la compagnie.

Ils montèrent sur un navire qui devait côtoyer Asie. Le jour suivant, ils abordèrent à Sidon. Julius permit à Paul d'aller chez ses amis et de recevoir leurs soins. À Myra, en Lycie, le centenier les fit monter sur un navire d'Alexandrie qui allait en Italie.

Ils passèrent au-dessus de l'île de Crète, du côté de Salmone. Puis, ils arrivèrent à un lieu nommé Beaux-Ports, près de la ville de Lasée. « La navigation devenait dangereuse, car l'époque même du jeûne était déjà passée. » (27 :9) Paul en avertit les autres, en disant : »O hommes, je vois que la navigation ne se fera pas sans péril et sans beaucoup de dommage, non seulement pour la cargaison et pour le navire, mais encore pour nos personnes. » (27 :10) Le centenier ne l'écouta point, car le pilote et le patron furent d'autre avis. Ils quittèrent ce port et se dirigèrent vers Phénix, afin d'y passer l'hiver.

Mais bientôt un vent impétueux, appelé Euraquillon, se déchaîna sur l'île de Crète, et le navire fut entraîné sans pouvoir de lutter contre le vent, se laissant aller à la dérive. Ils passèrent au-dessous d'une petite île nommée Clauda. Comme ils étaient violemment battus par la tempête, le lendemain on jeta la cargaison à la mer. « Le soleil et les étoiles ne parurent pas pensant plusieurs jours. » (27 :20) Ils perdirent enfin toue espérance de se sauver.

On n'a pas mangé depuis longtemps. « Paul, se tenant au milieu d'eux, leur dit :O hommes ; il fallait m'écouter et de ne pas partir de Crète, afin d'éviter ce péril et ce dommage. Maintenant, je vous exhorte à prendre courage, car aucun de vous ne périra, et il n'y aura de perte que celle du navire. Un ange du Dieu à qui j'appartiens et que je sers m'est apparu cette nuit, et m'a dit : Paul, ne crains point, il faut que tu comparaissent devant César, et voici Dieu t'a donné tous ceux qui naviguent avec toi. C'est pourquoi, o hommes, rassurez-vous, car j'ai cette confiance en Dieu qu'il en sera comme il m'a été dit. Mais nous devons échouer sur une île. » (27 :21-26)

Les anges saints sont des esprits purs au service de Dieu, « envoyés pour exercer un ministère en faveur de ceux qui doivent hériter du salut. » (Hébreux 1 :14) L'ange protecteur de Paul s'est bien acquitté de sa charge. Il le rassura dans une situation de crise et lui en dévoila l'issue. Il lui fit comprendre que Dieu sauverait à cause de lui ses compagnons de voyage. Les justes ne périssent point avec les injustes parce que Dieu protège les siens et, souvent, il étend sa protection sur tout leur entourage.

La quatorzième nuit, ils étaient ballottés sur l'Adriatique. La profondeur de la mer, mesurée par la sonde, allait en décroissant. Dans la crainte de heurter contre les écueils, les matelots jetèrent quatre ancres de la poupe. Ils cherchèrent même à échapper du navire au moyen de la chaloupe. « Paul dit au centenier et aux soldats : Si ces hommes ne restent pas dans la navire, vous ne pouvez être sauvés. Alors les soldats coupèrent les cordes de la chaloupe et les laissèrent tomber. » (27 :31,32)

À l'aube, Paul exhorta tout le monde à prendre de la nourriture. Lui-même, il prit du pain, et après avoir rendu grâces à Dieu devant tous, il le rompit et se mit à manger. Tout le monde suivit son exemple. Après quoi, ils allégèrent le navire en jetant le blé à la mer.

Prier Dieu à haute voix dans un milieu mondaine est sans doute un acte de foi. Celui qui se fie au nom de Christ n'a pas honte de l'appeler en public. La suivante mise en garde affermit tout disciple à témoigner de son Maître n'importe où et n'importe quand : »Car quiconque aura honte de moi et de mes paroles au milieu de cette génération adultère et pécheresse, le Fils de l'Homme aura aussi honte de lui, quand il viendra dans la gloire de son Père, avec les saints anges. » (Marc 8 :38)

Lorsque le jour fut venu, ils aperçurent un golfe avec une plage. Ils délièrent les ancres pour gagner le rivage. Mais ils rencontrèrent une langue de terre où ils firent échouer le navire. « La poupe, s'étant engagée, resta immobile, tandis que la poupe se brisait par la violence des vagues. » (27 :41) Les soldats voulurent tuer les prisonniers, mas le centenier les en empêcha. Tous se sont sauvés à la nage ou bien sur des planches.

Paul dans l'île de Malte et son arrivée à Rome

L'île à laquelle ils ont échoué s'appelait Malte. Ses habitants les recueillirent avec bienveillance. Ils leur allumèrent un grand feu parce qu'il faisait très froid à cause de la pluie tombante.

Paul ayant mis un tas de broussailles au feu, une vipère en sortit et s'attacha à sa main. Paul le secoua dans le feu et ne ressentit aucun mal. Ces gens s'attendaient à le voir enfler et tomber mort subitement. Comme cette chose n'arriva point, ils dire de lui que c'était un dieu.

Paul y jouit de la protection divine par la foi. (cf.1 Pierre 1 :5) La protection dont il jouissait figure parmi les signes de la foi salvatrice que Jésus énumère dans l'Évangile selon Marc : »Voici les miracles qui accompagneront ceux qui auront cru : En mon nom, ils chasseront les démons, ils parleront de nouvelles langues, ils saisiront des serpents, s'ils boivent quelque breuvage mortel, il ne leur fera point de mal, ils imposeront les mains aux malades, et les malades seront guéris. » (Marc 16 :17,18)

Les échoués furent logés pendant trois jours par Publius, un grand propriétaire de terres. Son père eut de la fièvre et de la dysenterie. Paul se rendit vers lui, pria, lui imposa les mains, et le guérit. Là-dessus, vinrent les autres malades de l'île, et ils furent guéris. En revanche, ils fournissaient à leur bienfaiteur des choses dont son groupe avait besoin.

Après un séjour de trois mois, les échoués s'embarquèrent sur un navire d'Alexandrie qui avait passé l'hiver dans l'île.

Le trajet qu'ils firent jusqu'à Rome a été jalonné par les localités suivantes : Syracuse, Reggio, Pouzzoles. À Pouzzoles, ils rencontrèrent des frères chez qui ils passèrent sept jours.

À Rome, ils ont été accueillis par des frères qui avaient entendu parler d'eux. En les voyant, Paul rendit grâce à Dieu. À Rome, on permit à Paul de demeurer dans un domicile particulier, avec le soldat qui le gardait.

Au bout de trois jours, Paul convoqua les principaux des Juifs et leur tint un discours. Il leur présenta les circonstances de son arrestation. Bien qu'il n'ait rien fait contre son peuple, ni contre les coutumes ancestrales, il a été arrêté et livré entre les mains de Romains. À cause de l'hostilité des Juifs, il a été forcé d'appelé à César. Il leur fit savoir d'avoir été enchaîné à cause de l'espérance d'Israël.

Certains ont exprimé leur désir d'apprendre ce que Paul pensait, étant donné que sa secte rencontre partout de l'opposition. En effet, le christianisme est une secte de la religion judaïque, dont il conserve la foi dans l'Éternel, créateur du ciel et de la terre, et tout ce qui concerne la nature divine, la nature de l'homme, l'existence du monde invisible des esprits et leurs ascendant sur le monde matériel, ainsi que les prophéties concernant l'avènement, les souffrances et la résurrection de Christ. Le christianisme, aussi bien que le judaïsme, est fondé sur le concept de la résurrection des morts et sur celui de la création de nouveaux cieux et d'une nouvelle terre. (Daniel 12 :1,2 ; Ésaïe 66 :22) Dans le judaïsme on retrouve de nombreux renvois à la Sainte Trinité, doctrine de base du christianisme. (Ésaïe 7 :14 ;9 :5,6 ; 11 :1,2 ;Jérémie 23 :23 ; Ezéchiel 3 :12,13 ; Michée 5 :1 ; Zacharie 4 :6 ; 12 :10)

Maintenant il s'abuse celui qui prétend être chrétien, tout en rejetant ces préceptes qui viennent d'être énumérés ci-dessus, comme reliant le judaïsme et au christianisme.

Il fut fixé un jour où Paul exposerait ses idées de manière suivie. Ce jour-là, ils vinrent trouver Paul dans son logis. Paul leur annonça le Royaume de Dieu, en cherchant à les persuader de ce qui concerne Jésus dans les prophètes et dans la loi. « L'entretien dura depuis le matin jusqu'au soir. » (28 :23)

« Les uns furent persuadés par ce qu'il disait, et les autres ne crurent point. Paul n'ajouta que ces mots : C'est avec raison que le Saint Esprit, parlant à vos pères par le prophète Ésaïe, a dit : Va vers ce peuple, et dis : Vous entendrez de vos oreilles, et vous ne comprendrez point ; vous regarderez de vos yeux et vous ne verrez point. Car le cœur de ce peuple est devenu insensible ; ils ont endurci leurs oreilles, et ils ont fermé leurs yeux, de peur qu'ils ne voient de leurs yeux, et qu'ils n'entendent de leurs oreilles, qu'ils ne comprennent de leurs cœurs, qu'ils ne se convertissent et que je ne les guérisse. » (28 :24-27)

Si le Saint Esprit parle, alors il est une personne. L'Esprit de Dieu a parlé au prophète Ésaïe. Il lui confia le message ci-dessus pour le transmettre au peuple. Le péché avait endommagé les capacités des oreilles, des yeux et du cœur du peuple. La plupart des Juifs ne comprenaient pas les paroles de Dieu, car la surdité et la cécité spirituelle les en empêcha. Par conséquence, le peuple était dans l'impossibilité de venir à Dieu afin d'être guéri du péché et des ses conséquences désastreuses.

De nos jours même, l'Évangile est voilé « pour les incrédules dont le dieu de ce siècle a aveuglé l'intelligence, afin qu'ils ne voient pas briller la splendeur de l'Évangile de la gloire de Christ, qui est l'image de Dieu. » (2 Corinthiens 4 :4) Dans cette occurrence, il ne peut recevoir l'Évangile que celui qui jouit de la grâce divine.

Deux ans durant, Paul prêcha le Royaume de Dieu et enseigna ce qui concerne le Seigneur Jésus-Christ.

Dans un songe, l'Éternel présenta symboliquement au roi Nebucadnetsar les empires qui allaient se succéder sur la terre. (Daniel 2 :28-45) Le roi a vu une statue immense. La tête de cette statue était d'or pur, sa poitrine et ses bras étaient d'argent, son ventre et ses cuisses étaient d'airain, ses jambes de fer, ses pieds en partie de fer et en partie d'argile. Une pierre se détacha sans le secours d'aucune main et frappa les pieds de la statue. Alors toute la statue devint comme la balle, et le vent l'emporta. La pierre qui l'avait frappée devint une grande montagne remplissant toute la terre. Cette montagne symbolise le Royaume de Dieu qui supprime tous les royaume de la terre et prend leur place. Or, le roi du royaume éternel, c'est Jésus Christ. (Apocalypse 19 :11-15)

C'est pourquoi, prêcher le Royaume de Dieu, c'est prêcher la seconde venue de Jésus-Christ avec les armées du ciel. Tandis que, prêcher l'Évangile de Christ, c'est annoncer la rémission des péchées au nom de Christ et le salut de l'âme par la foi ainsi que la citoyenneté céleste qu'on accorde aux croyants. Les citoyens célestes échappent à l'anéantissement général provoqué par les armées célestes, parce que le Royaume de Dieu s'était déjà introduit dans leurs cœurs par le Saint Esprit.

Conclusions sur les débuts de l'Église de Dieu

Ayant parcouru les 28 chapitres du livre des Actes des Apôtres, on a saisi maintes choses sur l'Église de Christ. Elle s'est formée le jour de la Pentecôte lorsque le Saint Esprit est descendu sur les disciples, en remplissant la maison où ceux-ci étaient réunis. Le baptême dans le Saint Esprit les rendit capables de témoigner avec force de la résurrection de Christ. Ce livre rend compte des combats, des ressources, des souffrances et des victoires des disciples de Jésus de Nazareth.

L'institution de l'Église se doit donc au Saint Eprit qui la doue de tous les moyens pour mener à bien sa charge d'arracher aux Ténèbres les esclaves du péché et de les transférer purifiés dans le Royaume des Lumières. L'Église est l'armée de Christ qui se confronte avec le monde dominé par Satan, avec les esprits immondes, et dernièrement avec les disciples de Moïse. La nature charnelle de l'homme se prête aux suggestions des esprits malins, favorisant les tentations. Aussi les désirs égoïstes et outranciers de l'homme naturel doivent-ils être étouffés par le portement de la croix christique. Ananias et Saphira ont payé de leur propre vie la liberté qu'ils accordaient à leur ruse naturelle.

L'Église est un Temple bâti de pierres vivantes où loge le Saint Esprit. (1Corinthiens 6 :19,20) Elle est le Corps de Christ dans lequel les membres collaborent pour la survivance et la maturité commune. (1 Corinthiens 12 :12-27) Les dons spirituels sont répartis afin d'édifier et de défendre le Corps de Christ. (1 Cor. 12 :7-10) « Et Dieu a établi dans l'Église premièrement des apôtres, secondement des prophètes, troisièmement des docteurs, ensuite ceux qui ont le don des miracles, puis ceux qui, ont le don de guérir, de secourir, de gouverner, de parler diverses langues. » (1Cor.12 :28)

Sans apôtre, sans prophète, sans docteur et pasteur, les membres de l'Église ne se mûrissent pas et restent des enfants emportés par les vents des hérésies. (Éphésiens 4 :11-16) Dénuer l'Église des ces dons et fonctions, c'est la livrer à l'échec et la paralysie.

Les ressources de l'Églises consistent dans le baptême dans le Saint Esprit. De nos jours, ce baptême est étiqueté comme périmée, voire périlleux. Signe du baptême dans le Saint Esprit, le parler en langues supporte d'odieuses attaques. On prétend que, de nos jours, les démonisés seuls parlent en langues.

Les adversaires du parler en langues qu'on peut contrefaire arguent de ce que la Pentecôte comme baptême dans le Saint Esprit est unique dans l'histoire de l'Église. Selon eux, ce baptême serait donc non répétable.

À croire à Luc, auteur des Actes des Apôtres, on constate que le baptême dans le Saint Esprit s'est répété quatre fois après le jour de la Pentecôte : en Samarie, à Damas, à Césarée et à Éphèse. La fête de la Pentecôte est vraiment unique, mais le baptême dans le Saint Esprit est répétable.

Chaque chapitre des Actes des Apôtres brosse un aspect à part de cet édifice spirituel qu'on appelle l'Église de Dieu. Son chef, Christ s'est élevé au Ciel d'où il a envoyé le Saint Esprit le jour de la Pentecôte. Concernant Christ, Paul a signalé qu' »en lui habite corporellement toute la plénitude de la Divinité. » (Colossiens 2 :9) Jusqu'à sa glorification, le Saint Esprit n'était point disponible à remplir des vases humains. (Jean 7 :37-39) Le Saint Esprit descendit pour remplir les disciples de la même nature que leur Maître. Il s'est rendu maître de leurs cordes vocales, leurs inspirant des louanges à l'adresse de l'Éternel en plusieurs langues. Ce fut un signe céleste pour environ vingt nations présentes à la fête de Pentecôte dans Jérusalem.

Le Saint Esprit se reconnaît à ce qu'il glorifie Christ. (Jean 16 :14) Les croyants peins d'Esprit magnifient à bâton rompu le Seigneur Jésus. Par contre, ceux qui n'ont pas le Saint Esprit parlent long de Dieu sans jamais l'appeler Père. (Galates 4 :6) Ceux qui n'adorent pas le Fils n'ont point son Esprit. Malgré un ordre exprès de Christ, certains n'honorent point le Fils de la même manière qu'ils honorent le Père. (Jean 5 :22,23)

Dans le langage chrétien l'expression de « baptême dans le Saint Esprit » est égale à celle de « recevoir l'Esprit ». Lorsque Pierre et Jean furent arrivés à Samarie, ils imposèrent les mains aux nouveaux convertis qui « reçurent le Saint Esprit ». (8 :17)

Les hommes sont disposés à recevoir de différents esprits. Pour l'intelligence de ce sujet, on renvoie à une mise en garde de l'apôtre Paul : »Car si quelqu'un vient vous prêcher un autre Jésus que celui que nous avons prêché, ou si vous recevez un autre esprit que celui que vous avez reçu, ou un autre évangile que vous avez embrassé, vous le supportez fort bien. » (2 Corinthiens 11 :4)

Ayant en vue le fait que le style biblique se caractérise par des phrases copulatives à valeur explicative, on peut comprendre que les changements produits dans le portrait de Jésus et les modifications qu'on opère dans l'évangile propagent un esprit étranger à la Parole de Dieu. À plus forte raison les religions de ce monde et les philosophies répandent des esprits étrangers à la Bible.

Il n'y a donc aucun défaut à soutenir que tout bon entendeur de l'Évangile en reçoit l'esprit au moment où il confesse sa doctrine. Entre recevoir l'esprit de l'Évangile et recevoir le baptême dans le Saint Esprit il y a une différence à signaler.

Il y a même une différence notable entre l'esprit de la Loi et l'esprit de la Grâce. Celui-ci offre le pardon divin aux pécheurs repentis, celui-là menace de mort ceux qui transgressent les commandements divins. Les âmes empreintes de l'esprit de la loi demandent le châtiment des pécheurs. Les âmes empreintes de l'esprit de la Grâce intercèdent pour le pardon des pécheurs.

Un bourg samaritain refusa de loger Christ parce que celui-ci se dirigea vers Jérusalem. « Les disciples Jacques et Jean, voyant cela, dirent : Seigneur, veux-tu que nous commandions que le feu descende du ciel et les consume ? Jésus se tourna vers eux, et les réprimanda, disant : Vous ne savez de quel esprit vous êtes animés. Car le Fils de l'homme est venu, non pour perdre les âmes des hommes, mais pour les sauver. » (Luc 9 :54-56) Jean est Jacques n'étaient point animés d'un esprit impur, mais de l'esprit de la loi, dont était jadis animés le prophète Élie. (2 Rois 1 :1-16)

L'esprit de l'Évangile, qu'en promeuvent les enseignements, pénètre dans les cœurs qui s'y ouvrent. L'Esprit de Christ vient loger dans les cœurs de ceux qui croient et confessent que le Père a ressuscité le Fils d'entre les morts. (Romains 10 :9 ,10) Cet Esprit fixe sa demeure dans le catéchumène à l'occasion du baptême dans l'eau qui est le lieu de la nouvelle alliance. À l'occasion du baptême dans le Saint Esprit, c'est la troisième Personne de la Sainte Trinité qui remplit le vase humain jusqu'au refus. Ce baptême est nécessaire à ceux qui rendent témoignage au Seigneur ressuscité. Il rend capable d'annoncer avec efficace la résurrection de Christ et répartit à la fois des dons spirituels pour l'édification et la protection de l'Élise.

Ayant en vue ce qui vient d'être avancé, on peut établir trois catégories de chrétiens. La première comprend les personnes qui connaissent bien l'Évangile et en parlent avec conviction, la seconde renferme ceux qui ont rendu témoignage à Christ dans l'eau du baptême, la troisième comporte ceux qui font des signes et des miracles. Le salut de la première catégorie de croyants est incertain par défaut d'alliance. (Marc 16 :16) Les deux autres catégories sont assurément sauvées à la condition de garder la foi jusqu'à la mort. (cf.2 Timothée 4 :7,8)

Les signes et les miracles n'accompagnent point les disciples de Moïse, ni les chrétiens qui mélangent la Grâce à la Loi. Ceux qui cherchent la justification dans a loi sont déchus de la grâce et séparés de Christ. (cf. Galates 5 :4) L'idée que le légalisme exclue les miracles ressort de la suivante interrogation poétique : »Celui qui vous accorde l'Esprit, et qui opère des miracles parmi vous, le fait-il donc par les œuvres de la loi, où par la prédication de la foi ? » (Galates 3 :5)

Sans doute, le chrétien doit-il être délivré des prétentions du livre de la Loi qui activent toujours l'homme charnel. Or, nous sommes appelés à servir selon l'Évangile, dans notre esprit né de nouveau, de nature christique. (cf. Romains 1 :9) La loi s'adresse à l'homme charnel, tandis que l'Évangile s'adresse à Christ qui vit en nous. La prédication de la loi dans nos assemblées incite à servir Dieu par la chair. Voilà pourquoi tout chrétien doit se considérer comme délivré de la loi de Moïse. (Romans 10 :4) Autrement on risque de retourner à servir Dieu par la chair, ce qui constitue un échec, car les œuvres de l'Éternel se font par l'esprit de la foi. Il n'agrée pas d'autres services. (Jean 6 :28,29) Les Galates sont tombés dans le piège du service par la chair, parce qu'ils accueillirent des prédicateurs Juifs. (cf. Galates 3 :3) Watchmann Nee, traite le sujet de la délivrance des commandements de la Loi dans son livre intitulé : »Libération »

D'ailleurs, tout le livre des Actes des Apôtres raconte ce que l'Esprit accomplit par ceux qui ont sa plénitude, au profit de l'Église. L'Esprit Saint est descendu pour unir dans un seul corps ceux qui croyaient en Christ. Le jour de Pentecôte toute la ville sainte des Israélites a entendu comme un vent impétueux venant du Ciel, les disciples ont vu comme des langues de feu se poser sur chacun d'eux. Remplis du Saint Esprit, les disciples se mirent à parler en d'autres langues, « selon que l'Esprit leur donnait à s'exprimer. » (2 :4) On voit de là que l'Église est d'origine céleste.

Le discours de Pierre, ainsi que tous les discours de Paul, démontre que Jésus de Nazareth est le Christ (l'Oint) de l'Éternel, annoncé par plusieurs prophètes. Pierre prêcha à son public la voie du salut, jalonnée par la repentance, la foi en Christ, le baptême dans l'eau, et le don du Saint Esprit.

Luc précise que les membres de l'Église Primitive « persévéraient dans l'enseignements des apôtres, dans la communion fraternelle, dans la fraction du pain, et dans les prières. » (2 :42) Ceux qui y persévèrent de nos jours même ressemblent à leurs prédécesseurs, ceux qui négligent ces préoccupations sont égarés.

La descente du Saint Esprit produit un réveil dans l'assemblée, caractérisé par des guérisons divines et par l'exorcisme. Pierre et Jean guérirent à la porte du temple un homme boiteux de naissance. Mais, ils devaient en rendre compte devant le sanhédrin. Les principaux sacrificateurs leur posèrent une question à signification profonde : »Par quel pouvoir, ou au nom de qui avez-vous fait cela ? » (4 :7) Les sacrificateurs savaient que le pouvoir qui guérit un malade incurable vient d'un nom. Ils voulaient apprendre ce nom qui a guéri le boiteux. Pierre leur a donné l'éclaircissement requis : »C'est par le nom de Jésus Christ de Nazareth, que vous avez crucifié, et que Dieu a ressuscité des morts, c'est par lui que cet homme se présente en pleine santé devant vous. » (4 :10)

Pierre y précisa le nom dont la puissance guérit les malades, ensuite il y ajouta que ce même nom assure le salut de l'âme : »Il n'y a de salut en aucun autre nom, car il n'y a sous le ciel aucun autre nom qui ait été donné parmi les hommes, par lequel nous devions être sauvés. » (4 :12)

Par conséquent, le nom qu'on appelle en secours et par lequel on est sauvé est celui du Seigneur Jésus. Les autres noms n'ont point la vertu du nom de Christ. Ils ne peuvent sauver l'âme, ni guérir les malades. Selon David Wilkerson, nous sommes à la veille de l'institution de l'église universelle où l'on appellera les noms des dieux des religions de ce monde et le nom de Christ parmi eux. La majeure partie des confessions chrétiennes entrera dans cette église pour la perte leurs membres. Après deux mille ans de christianisme, certains théologiens en sont venus à oublier la suivante mise en garde : »Je suis le chemin la vérité et la vie. Nul ne vient au Père qu par moi. » (Jean 14 :6) Le nom de Jésus est donc le seul chemin qui conduise au Père de Vérité. Les autres noms de dieux constituent de fausses voies, qui conduisent au Père de Mensonge.

En général, les prédicateurs passent sous silence ou bien commente de façon erronée une coutume très répandue dans l'Église Primaire. « Tous ceux qui, possédaient des champs et des maisons les vendaient, apportaient le prix de ce qu'ils avaient vendu, et le déposaient aux pieds des apôtres, et l'on faisait des distributions à chacun selon qu'il en avait besoin. » (4 :34,35)

Il répugne à l'homme naturel d'offrir ses biens pour soulager les fardeaux de ses semblables. Aussi, les prédicateurs qui cherchent la gloire des hommes passent sous silence la bienfaisance. Tout de même, s'ils traitent cet aspect de la vie de nos prédécesseurs, ils disent que cette générosité s'explique par le fait que nos frères d'antan eurent la conviction que Christ reviendrait leur vie durant. L'imminence de la seconde venue du Seigneur les dénua de toute égoïsme. À mon avis, ce qui fait la différence entre les chrétiens altruistes et leurs successeurs égoïstes, c'est que les premiers croyaient vraiment au retour de Christ, et les derniers n'y croient guère.

Pendant un réveil spirituel, Dieu châtie promptement la ruse et la tromperie. Ce fut exactement le cas des époux Ananias et Saphira. Il ressort de la réprimande que Pierre adressa à Ananias que le Saint-Esprit est Dieu.

L'institution du diaconat fut nécessaire parce que les apôtres refusèrent de servir aux tables de peur de négliger la Parole et les supplications. Étienne fut un diacre plein d'Esprit Saint et de sagesse, par lequel Dieu accomplissait des signes et des miracles. Il fut la proie d'un complot tramé contre lui par les Juifs. Son discours de défense se transforma en réquisitoire contre l'hostilité de son peuple envers le Saint Esprit. Lapidé de la foule, Étienne vit Christ à la droite du Trône divin. À ce moment-là, il intercéda pour ses meurtriers, tout en recommandant son âme à Christ.

Le jour du martyre d'Étienne, on déclancha une grande persécution contre l'Église de Jérusalem. Les persécutions sont permises de Dieu parce qu'elles constituent des cribles pour notre foi. Celui qui accepte la persécution en a, celui qui la refuse n'en a pas. La persécution de Jérusalem tourna au profit de Samarie, où plusieurs se convertirent à Dieu par le service de Philippe. Le mage Simon fut baptisé sans s'être repenti. Aussi, resta-t-il dans les liens des Ténèbres. À preuve le fait qu'il voulait acheter à prix d'argent la fonction d'apôtre. Le simonisme est devenu une pratique très répandue au Moyen Age, ce qui fut à l'origine de la corruption de l'Église visible.

Le baptême du ministre éthiopien reste un modèle de baptême dans l'eau pour toute la chrétienté. Cet eunuque entendit l'Évangile de Christ, s'y fia et demanda le baptême. Lorsque le baptême eut lieu, il continua son chemin tout joyeux.

La conversion de Saul est un récit qui se retrouve cinq fois dans les pages des Actes des Apôtres. La volte-face de Damas du persécuteur Saul démontre éloquemment que Chris est vivant. L'apostrophe du Seigneur : »Saul, Saul, pourquoi me persécutes-tu ? » suggère l'idée que Jésus s'identifie à ses disciples persécutés.

À Joppé, Pierre ressuscita Dorcas. À Troas, Paul ressuscita Eutychus. La résurrection des morts est et reste un concept chrétien toujours actuel. Il ne faut pas oublier que notre foi est fondée sur la résurrection de Jésus Christ. (Romains 4 :23-25)

La conversion du centenier Corneille atteste que même les hommes craignant Dieu ont besoin d'écouter l'Évangile de Christ pour être sauvés, selon le principe suivant : »Ainsi la foi vient de ce qu'on entend, et ce qu'on entend vient de la parole de Christ. » (Romains 10 :17) Sur ce sujet, Paul tint à révéler un secret du salut: »C'est par la grâce que vous êtes sauvés, par le moyen de la foi. Et cela ne vient pas de vous, c'est le don de Dieu. » (Ephésiens 2 :8)

Dans son discours tenu chez Corneille, Pierre a rendu compte de deux onctions dont avait profité Christ qui est venu pour guérir ceux qui étaient sous l'empire du diable. À son baptême, Il a été oint d'Esprit Saint, lors de la tentation dans de désert, Il a été oint de force royale.

La libération de Pierre de la prison s'est faite par l'intervention d'un ange saint au profit d'un élu de Dieu. Sans doute, l'Église est-elle sous la protection des anges gardiens. Blâmer ceux qui en parlent est signe d'incrédulité. Souvent les anges sont chargés de châtier les ennemis de l'Église. C'était bien le cas de l'ange qui frappa le roi Hérode d'une mort terrible.

Actuellement, c'est le Saint Esprit qui désigne et oint les apôtres. C'était bien le cas des apôtres Barnabas et Saul. À Paphos, Paul affronta un magicien, Elymas, qui devint aveugle. À Antioche de Pisidie, il plaida en faveur de Jésus, démontrant qu'il est le Christ. Mais l'opposition des Juifs ne se laissait point attendre. À cette occasion Paul prit sa première décision publique de tourner vers les païens. « Les païens se réjouissaient en entendant cela, ils glorifiaient la parole du Seigneur, et tous ceux qui étaient destinés à la vie éternelle crurent. » (13 :48) On ne risque aucune erreur si l'on remplace le terme « destinés » par celui de « prédestinés ». Il y a donc une prédestination à a vie.

Après avoir guéri un homme impotent de pieds à Lystre, Paul courut le danger d'être transformé en idole. La foule voulait lui offrir en sacrifice un taureau. Exaspéré, il déchira ses vêtements. Malgré lui, la tradition concernant l'adoration des apôtres subsiste.

Le premier Concile de l'Église traita de l'effet de la Loi sur l'Église de Christ. La Loi fut un fardeau que les Juifs ne pouvaient porter. Transmettre ce fardeau aux peuples convertis à Dieu, ce serait tenter l'Éternel. C'est pourquoi l'on n'en retint que quatre défenses : s'abstenir des viandes sacrifiées aux idoles, du sang, des animaux étouffées et de la débauche.

Obéissant à un rêve, Paul va à Philippe, où il chasse un esprit de python d'une servante. Là-dessus, il est emprisonné avec Silas, son compagnon. Le geôlier se convertit à Dieu après un tremblement de terre qui ouvre les portes de la prison. Ayant entendu l'Évangile de Christ, il est baptisé avec toute sa maison.

Il est aussi à remarquer la conversion de Lydie, à qui Dieu ouvrit le cœur à l'écoute de l'Évangile, parce qu'elle était une femme craignant Dieu.

Paul parcourut Thessalonique, Bérée et Athènes. Les Juifs de Bérée confrontèrent toutes ses prédications aux Écritures pour voir s'il disait vrai. C'est une habitude recommandable pour tout homme cherchant Dieu.

À Athènes, Paul fut invité à l'Aréopage où il présenta aux Athéniens idolâtres le Dieu Vivant qui a créé le Ciel et la Terre. Tout homme a en Lui la vie, le mouvement et l'être. Il ne vit pas dans des temples bâtis de main d'homme. Il a créé toutes les nations d'un seul sang et leur porte soin. Le temps est venu que les hommes, quittant les idoles, se tournent vers Lui, qui jugera un jour les idolâtres par son Fils ressuscité des morts.

À Corinthe, Paul eut une vision de nuit. Le Seigneur lui apparut et l'encouragea à parler hardiment, car personne ne mettrait la main sur lui. Ces visions définissent la vie des serviteurs de Christ. Le Seigneur ne cesse de nous donner des indications par des visions de nuit.

À Ephèse, Paul baptisa, au nom du Seigneur Jésus, environ douze hommes, tous disciples de Jean. Le catéchumène doit confesser dans l'eau le nom de Jésus pour avoir la rémission de ses péchés, mais le baptiseur invoque le nom de la Sainte Trinité. Les adeptes des arts magiques y ont brûlé en public leurs livres, dont on estima la valeur à cinquante mille pièces d'argent. Ce fut l'effet de l'Évangile et des miracles que Paul y propagea.

À Troas, Paul participa à la Cène du Seigneur qu'on tint le premier jour de la semaine. Par conséquence, les disciples se réunirent pour servir Dieu le jour de la résurrection de leur Maître.

À Milet, Paul prend congé des anciens de l'Église d'Ephèse. Il a plaidé la conscience pure. Il les exhorta à prendre garde au troupeau sur lequel le Saint Esprit les a établis évêques. Il les a avertis de la venue des loups cruels qui n'épargnerait point le troupeau. Il les confia à Dieu et à la Parole de sa Grâce qui pouvait les édifier et leur donner l'héritage avec les sanctifiés. Ici Paul distingue la parole de la Grâce de la parole de la Loi. Celle-ci ne peut pas donner l'héritage avec les sanctifiés.

À Jérusalem Paul tombe dans le piège tendu par l'esprit de la loi. Mais, quoiqu'il se soit purifié selon la loi, les Juifs l'arrêtent et commencent à le battre. Le tribun Lysias le sauve et le mène dans la forteresse.

Paul eut à se défendre devant le sanhédrin en présence du tribun Lysias. Il l'échappa belle se réclamant du parti des pharisiens qui croit à la résurrection des morts. Les pharisiens l'ont pris sous leur protection. Les sadducéens, qui ne croient pas à la résurrection des morts et nient l'existence des esprits et des anges, s'acharnèrent contre lui. Craignant que Paul ne soit mis en pièces, le tribun le fit enlever du milieu d'eux. « La nuit suivante le Seigneur apparut à Paul, et dit : Prends courage, car de même que tu as rendu témoignage de moi dans Jérusalem, il faut aussi que tu rendes témoignage dans Rome.

Le complot tramé contre Paul fut éventé. On transféra l'apôtre à Césarée où était le siège du gouverneur. Paul s'y défendit devant le gouverneur Félix, ensuite devant le nouveau gouverneur Festus. Comme Festus insista que Paul se rende à Jérusalem pour y être jugé en sa présence, Paul appela à César. C'est ainsi qu'allait se réaliser le message de l'une de ses visions nocturnes.

La défense de Paul devant le roi Agrippa en est une mémorable. Il y fit l'aveu d'une décision qu'il avait pris concernant la nouvelle voie : » Pour moi, j'avais cru devoir agir vigoureusement contre le nom de Jésus de Nazareth. » (26 :9) En voilà une décision suggérée par les princes des Ténèbres dans l'âme d'un pharisien. Ce sont les démons qui incitent à la haine et à la vengeance. Paul tomba dans leur embûche. Mais la haine et la vengeance se déversent sur toutes les nations, leu ôtant la paix.

Paul narra sa rencontre avec Christ auprès de Damas, précisant la charge qu'il reçut en qualité de serviteur de Dieu. Jésus lui a dit : »Je t'ai choisi du milieu de ce peuple et du milieu des païens, vers qui je t'envoie, afin que tu leurs ouvres les yeux, pour qu'ils passent des ténèbres à la lumière, et de la puissance de Satan à Dieu, pour qu'ils reçoivent, par la foi en moi, le pardon des péchés et l'héritage avec les sanctifiés. » (26 :17,18)

Il a tort le prêtre qui insiste sur les commandements de Moïse et néglige d'ouvrir les yeux de son public sur le monde des esprits qui renferme le Royaume des Ténèbres et le Royaume des Lumières. On transgresse les commandements du fait qu'on est né en péché, dans le Royaume des Ténèbres. Ces péchés se doivent donc à l'esclavage où se trouve toute l'humanité. Les esprits impurs accomplissent leur volonté par les hommes qu'ils possèdent. Avoir l'œil ouvert sur le monde des Ténèbres, c'est voir à l'œuvre les esprits immondes dans les péchés qui inondent le monde visible : adultère, injustice, méchanceté, cupidité, meurtre, querelle, arrogance, rébellion. (Romains 1 :28-32)

Ouvrir les yeux sur le monde de la Lumière, c'est voir à l'œuvre Christ, le Saint Eprit et les anges dans les événements heureux et dans les manifestations de pardon, de bonté, d'amour, de patience, de joie, de paix, de douceur et de maîtrise de soi. (Galates 5 :22) Celui qui a les yeux ouverts se fie à Christ et le reçoit dans son cœur. Christ en nous, l'espérance de la gloire. (cf. Colossiens 1 :27) Ce qui ouvre les yeux, c'est la parole de l'Évangile.

Le voyage de Paul à Rome fut plein de péripéties. Par sa providence, Dieu lui accorda les âmes de ses compagnons de voyage. Au cours de ce voyage, l'apôtre pria en public, n'ayant aucune honte de témoigner de son Sauveur.

Dans l'île de Malte, il fut mordu d'une vipère, sans tomber mort. Qui plus est, il guérit de dysenterie le père de Publius.

À Rome, il convoqua dans son logement les principaux des Juifs et leur expliqua de manière suivie le voie du Seigneur. « Les uns furent persuadés par ce qu'il disait, les autres ne crurent point. » (28 :24) C'est ce qui arrive en tout temps lors de la prédication de la foi. Les incroyants ont le cœur endurci, les oreilles dures, et les yeux fermés. Ce sont les conséquences du péché, qui les empêche de croire afin d'être guéris du péché.

Paul demeura deux ans à Rome, prêchant le Royaume de Dieu et enseignant ce qui concerne Jésus-Christ.

Le 2 octobre 2013   Charles Székely

Table des matières